En contacto

A First Course in Spanish
Third Edition

Workbook/ Lab Manual

Mario Iglesias
The Ohio State University

Repasos for Units 1-8
Pablo Valencia / Franca Merlonghi

Houghton Mifflin Company   Boston

Dallas / Geneva, Illinois / Princeton, New Jersey / Palo Alto

Illustrations by George Ulrich

Printed in the U.S.A.

ISBN: 0-395-44891-3

Library of Congress Catalog Card Number: 87-80580

CDEFGHIJ-B-89

Contents

Introduction   iv

Workbook Activities		Lab Activities
Lección preliminar		7
Lección 1	1	9
Lección 2	11	15
Lección 3	17	21
Lección 4	23	29
Lección 5	31	35
Lección 6	39	45
Lección 7	47	53
Lección 8	57	63
Lección 9	65	71
Lección 10	73	79
Lección 11	83	89
Lección 12	91	99
Lección 13	103	111
Lección 14	115	123
Lección 15	125	131
Lección 16	133	139
Lección 17	143	149
Lección 18	151	157
Lección 19	159	165
Lección 20	167	173
Lección 21	175	181
Lección 22	183	189
Lección 23	191	197
Lección 24	199	205

Repasos

Repaso 1	*(Lecciones 1, 2, 3)*	207
Repaso 2	*(Lecciones 4, 5, 6)*	210
Repaso 3	*(Lecciones 7, 8, 9)*	214
Repaso 4	*(Lecciones 10, 11, 12)*	218
Repaso 5	*(Lecciones 13, 14, 15)*	222
Repaso 6	*(Lecciones 16, 17, 18)*	228
Repaso 7	*(Lecciones 19, 20, 21)*	233
Repaso 8	*(Lecciones 22, 23, 24)*	237

Answer key   241

Introduction

The Workbook/Lab Manual to accompany *En contacto, Third Edition* consists of three parts: (1) a workbook section with varied written exercises for each lesson in the student text; (2) a series of lab activities for each lesson, correlated with the recordings; and (3) an end-of-unit *Repaso* for each unit in the student text. An Answer Key for the Workbook/Lab Manual is provided in the Tapescript accompanying *En contacto*.

Workbook Activities

The workbook activities are designed to reinforce the lesson material and develop writing skills. Each workbook lesson contains activities related to the core dialogue or narrative, vocabulary, and grammar topics of the corresponding text lesson, and composition practice. Sections entitled *¿Recuerda usted?* contain re-entry exercises on selected topics from previous lessons. Occasional word games and crossword puzzles supply additional vocabulary practice.

The workbook lessons can be done by sections, after study of the corresponding text material, or at the end of the text lesson. Students should know the lesson vocabulary (including the *Estudio de palabras* vocabulary) before completing the grammar and composition exercises. The Answer Key at the back of the Workbook/Lab Manual provides answers for the re-entry exercises and word games only.

Lab Manual Activities

The lab manual activities form part of the tape program and contain material not found in the other components of *En contacto*. They are interspersed in the recordings with selected exercises from the text and include pronunciation, vocabulary and grammar exercises; a variety of listening comprehension activites and dictation. An instruction on the tape alerts students to turn to the lab manual when necessary. Confirmation responses for most lab manual exercises are given on the tape, with the exception of dictations and occasional other exercises.

The listening comprehension activities include material specifically designed to challenge students. Such activities take the form of dialogues, radio announcements, ads, etc., and contain some new vocabulary and structures. An instruction on the tape tells students when they will hear unfamiliar material. The purpose of these activities is to familiarize students with techniques needed for interacting intelligently in impromptu situations, and to learn to grasp the general meaning and most of the specific details of a given situation by picking clues from known vocabulary and structures—just as one must do in real-life situations.

Repasos

Eight end-of-unit review sections, correlated with the student text, provide a variety of vocabulary, grammar, and composition exercises for both oral and written practice, as well as individual and paired or group activities. The *Repasos* can be used in several ways: to supplement lesson exercises, for review at the end of a lesson or unit, for review prior to a test, or for oral warm-up before a test. They can be done in class or assigned as homework.

A lesson reference is given for the grammar exercises so that they can be used to supplement the exercises in the text or for review upon completion of the lesson or unit. Vocabulary and composition exercises in each *Repaso* integrate material from the entire unit and should be used at the end of the unit only.

Lección I
El mundo hispánico

I. Comprensión

A. Read *Monólogo 1* and *Monólogo 2* in your text; then write the information requested about the two students.

1. Él se llama _Felipe Arrojo Ortiz_   5. Ella se llama _Cristina Marcano Campos_

2. Es de _Salamanca, España_   6. Es de _Tucumán, Argentina_

3. Es _estudiante_   7. Es _estudiante también_

4. Estudia _ciencias políticas_   8. Estudia _medicina_

B. Refer to the text dialogue *Hola, ¿qué tal?*, and complete the following conversations between Spanish-speaking students with appropriate responses.

1. *En la Universidad de Buenos Aires*

    Margarita: ¡Hola, Alicia! ¿Qué tal?

    Alicia: _Muy bien, gracias. ¿Y tú?_

    Margarita: Bien, gracias. Hoy es la clase de historia, ¿no?

    Alicia: _Sí, es tarde. Adiós_

    Margarita: ¡Hasta luego!

2. *En la Universidad de Madrid*

    Luisa: Hola, ¿cómo te llamas?

    Antonio: _Me llamo Antonio_

    Luisa: Me llamo Luisa. ¿Estudias en la universidad?

    Antonio: _Sí, estudio ciencias políticas_

    Luisa: Yo estudio medicina. Es la hora de la clase de biología. ¡Hasta pronto!

    Antonio: _Adiós_

II. Estudio de palabras

C. Complete the following descriptions of Felipe and his parents by selecting the appropriate word or phrase from those given.

1. Felipe Gómez es _estudiante_ (apellido–estudia–estudiante–nombre) de la Universidad de

   Salamanca. Felipe _estudia_ (nombre–estudio–estudia–se llama) historia y

   ciencias políticas (colegio–ciencias políticas–universidad–modernas).

2. El padre *(father)* de Felipe _se llama_ (me llamo–estudia–como siempre–se llama) Jorge

   Gómez. No _es_ (es–se llama–estudia–te llamas) estudiante; es _profesor_

   (profesora–estudiante–apellido–profesor) de lenguas.

3. La _señora_ (señora–profesora–nombre–doctor–señorita) de Gómez es la madre *(mother)*

   de Felipe. Ella es _profesora_ (colegio–profesora–país–profesor) de la _universidad_

   (colegio–estudia–universidad–país).

D. Knowing your responses! How would you respond to the following personal questions? Respond first with a complete sentence, then with a brief phrase. A complete answer must have a conjugated verb; a brief answer only needs the essential information.

► ¿Cómo está usted?   *Estoy bien.* (complete)
                       Bien. (brief)

1. ¿Cómo estás?
   Estoy Bien (complete)
   Bien (brief)

2. ¿De qué país eres?
   Soy de Jamaica (complete)
   _____ (brief)

3. ¿Cómo te llamas?
   Mi llamo Audrey (complete)
   Audrey (brief)

4. ¿Eres estudiante o profesor/a?
   Soy estudiante (complete)
   estudiante (brief)

5. ¿Qué estudias?
   Estudio psicología (complete)
   psicología (brief)

6. ¿Estudias en un colegio o en una universidad?
   Estudio en una universidad (complete)
   una universidad (brief)

E. Complete this calendar in Spanish by filling in the days of the week. Begin the week with Monday, however, as Spanish calendars often do; then complete the statements that follow, based on the calendar.

1986 Marzo 1986

Lunes	Martes	Miércoles	Jueves	Viernes	Sábado	Domingo
					1	2
3	4	5	6	7	8	9
10	11	12	13	14	15	16
17	18	19	20	21	22	23
24	25	26	27	28	29	30
31						

1. El 13 de marzo es _jueves_ .
2. El _tres_ de marzo es el primer *(first)* lunes de marzo.
3. ¿Qué día de la semana es el 15? Es _Sábado_ .
4. El 2, 9, 16, 23 y el 30 son los _Domingo_ del mes de marzo.
5. El 18 es _Martes_ y el 21 es _Viérnes_ .

F. Can you classify the following news items by category? Read them carefully, trying to recognize the cognates used; then give each a heading, choosing from the list.

música   economía   medicina   política nacional
ecología   teatro   cine   política internacional

1. El secretario de estado anuncia la visita del presidente de Perú a la capital de la nación.
Política nacional

2. El hospital universitario tiene capacidad para 1.000 pacientes más desde diciembre.
Medicina

3. El director musical de la Orquesta Sinfónica de Boston seleccionó un programa moderno para 1989.
Música

4. El drama "Fuenteovejuna" de Lope de Vega se representará en el Teatro Español de Madrid.
Teatro

5. La contaminación atmosférica en la zona del centro capitalino es una grave amenaza.
Ecología

6. El ministro de educación aprobó los nuevos proyectos de reforma educacional.

   _____

7. "Sesión continua", candidata española al Oscar de Hollywood. _____

8. "La inflación es la causa de la crisis", afirmó el presidente del Grupo Financiero Rumasa.

   _____

III. Estructuras útiles

G. *Subject pronouns.* Getting to know people! Identify the following people for a new person at school. When appropriate, provide all possible pronouns for a situation.

   ► *Ellos/as* son de Italia y *nosotros/as* somos de España.

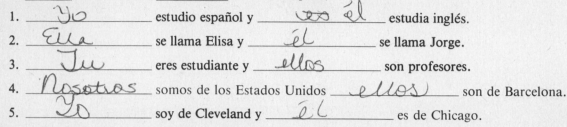

   1. ___Yo___ estudio español y ___⟨os⟩ él___ estudia inglés.
   2. ___Ella___ se llama Elisa y ___él___ se llama Jorge.
   3. ___Tu___ eres estudiante y ___ellos___ son profesores.
   4. ___Nosotras___ somos de los Estados Unidos ___ellos___ son de Barcelona.
   5. ___Yo___ soy de Cleveland y ___él___ es de Chicago.

H. *Present tense of* **ser.** Complete the following exchanges with the appropriate form of the verb **ser.** The subject pronouns have been given in parentheses when they are optional in the sentence.

   ► —¿Qué día *es* hoy?   —Hoy *es* viernes.

   1. —¿De dónde ___son___ ustedes?

      —(Nosotros) ___somos___ de Salamanca.

   2. —¿Qué ___eres___ tu papá, médico o profesor?

      —(Él) ___es___ médico y profesor.

   3. —¿(Tú) ___eres___ de Colombia?

      —Sí, (yo) ___soy___ de Colombia y (yo) ___soy___ estudiante en la Universidad Javeriana.

   4. —¿Las señoritas ___son___ peruanas?

      —Sí, (ellas) _____ peruanas.

I. *Present tense of* **ser.** Getting things straight… Answer the following questions negatively, and add an appropriate affirmative response.

   ► ¿Es usted estudiante?   *No, no soy estudiante; soy [profesor].*

   1. ¿Es ella argentina?   No no es argentina, es España
   2. ¿Son ellos de Bolivia?   No no son Bolivia, son Argentina
   3. ¿Estudias en la universidad?   No no estudio en la universidad, estudio
   4. ¿Son ustedes chilenos?   No no sois chilenos, sois mexicanos
   5. ¿Eres de San José?   _____
   6. ¿Estudian ellas en el colegio?   No no estudian en el colegio estudian en la Universidad

IV. Composición

J. Tell about a person you know. Create four sentences about your best friend, telling what his/her name is, where he/she is from, where he/she studies, and what days of the week he/she studies.

Se llama Andrea, Es norteamericana. Ella estudia medina en la Universidad de Montreal Ella estudia lunes, martes, viernes y miércoles

K. Imagine that you are talking to an important historical figure. Write three questions you would like to ask him/her about himself/herself, and give a possible response for each.

1. ¿_____?

2. ¿_____?

3. ¿_____?

Lección preliminar
Actividades de laboratorio

Pronunciación

Activity 1. You will hear pairs of Spanish-English cognates and false cognates. In your lab manual, indicate whether the *first* word or the *second* word you hear is in Spanish.

► canal / canal   You mark *first*.

First	Second		First	Second
1. _____	_____	5. _____	_____
2. _____	_____	6. _____	_____
3. _____	_____	7. _____	_____
4. _____	_____	8. _____	_____

Geografía

Activity 2. You will hear a series of statements in Spanish about the location of places shown on the map of South America that you see in your lab manual. For each statement mark *sí* if the statement is true; mark *no* if it is false. *(See map on page 8.)*

► Colombia está al norte de Ecuador.   You mark *sí*.

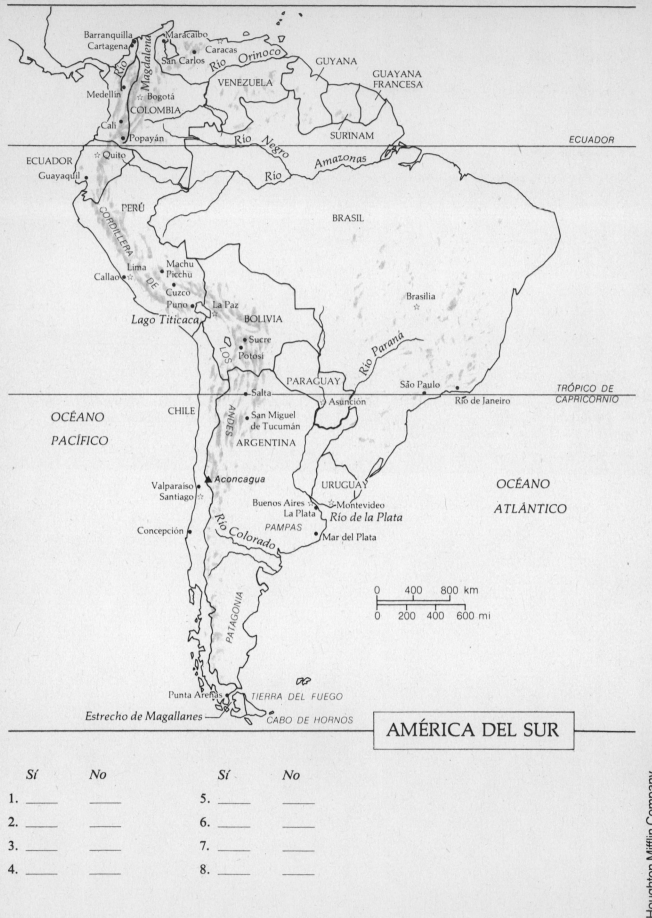

AMÉRICA DEL SUR

Sí	*No*	*Sí*	*No*
1. ____	____	5. ____	____
2. ____	____	6. ____	____
3. ____	____	7. ____	____
4. ____	____	8. ____	____

Lección 1
Actividades de laboratorio

Pronunciación

Activity 1. Listen carefully to the following word pairs. In your lab manual, write an accent above the vowel that is stressed in each word.

► ejercito / ejercito   *ejército / ejercitó*

1. deposito / deposito
2. ultimo / ultimo
3. circulo / circulo
4. decimo / decimo
5. cantara / cantara
6. articulo / articulo
7. critico / critico
8. intimo / intimo

(To correct this exercise, consult your instructor.)

Estructuras útiles

Activity 2. You will hear six sentences. In your lab manual, place a check mark under the subject pronoun that corresponds to the verb form in each sentence.

► Soy de Panamá.   You mark *yo.*

	Yo	*Tú*	*Usted/él/ella*	*Nosotros*	*Vosotros*	*Ustedes/ellos/ellas*
1.	____	____	____	____	____	____
2.	____	____	____	____	____	____
3.	____	____	____	____	____	____
4.	____	____	____	____	____	____
5.	____	____	____	____	____	____
6.	____	____	____	____	____	____

Comprensión oral

Activity 3. You will hear a question followed by two answers, *a* and *b.* In your lab manual, check the most appropriate answer for each question.

► ¿Es estudiante o profesora Alicia?   You mark *a.*
  a. Es estudiante.   b. Es de Paraguay.

	a	*b*		*a*	*b*
1.	____	____	5.	____	____
2.	____	____	6.	____	____
3.	____	____	7.	____	____
4.	____	____	8.	____	____

Activity 4. You will hear a brief conversation between two people said twice. You will probably not be able to understand every word in the conversation. Listen carefully for the main ideas and facts. Then, read the series of *either-or* statements in your lab manual. Place a check mark by the statement, *a* or *b,* that seems to best correspond to the conversation. Don't be afraid to guess the meaning of the cognates.

1. ____ a. This conversation takes place in an airport.

   ____ b. This conversation takes place in a police station.

2. ____ a. The man is a police inspector.

   ____ b. The man is an immigration officer.

3. ____ a. The woman is from Colombia.

   ____ b. The woman is from Venezuela.

4. ____ a. Her name is Clara González.

   ____ b. Her name is Clara García.

5. ____ a. She has more than one hundred dollars.

   ____ b. She has less than one hundred dollars.

Dictado

Activity 5. You will hear a paragraph read twice. In your lab manual, complete the paragraph by writing in the missing words.

Yo _____ Ernesto Sánchez. _____ en una _____ de los

Estados Unidos, pero soy _____ Chile. Estudio _____ modernas, inglés y

_____. Practico los _____, _____ y _____

en el laboratorio. Mi padre es _____ de _____ y mi madre es

_____ del _____ de la universidad.

(Confirmation responses for dictations are not given on tape. Consult your instructor for the correction procedure to be followed.)

Lección 2
El mundo hispánico

I. Comprensión

A. Which ones are right? After reading the *Monólogos* in your text, check the statements that give correct information about the monologues.

1. _____ La fábrica de automóviles es mexicana.

2. ✓ Jorge Ramírez es mecánico.

3. _____ Valencia es una ciudad del norte de México.

4. _____ Jorge Ramírez es casado y tiene tres hijos.

5. _____ Rosa Jiménez de García es española.

6. ✓ El mecánico se llama Jorge Ramírez.

7. _____ La enfermera tiene dos hijos.

8. ✓ Rosa Jiménez trabaja en un hospital de Nuevo Laredo.

B. Select the endings that will correctly complete the following statements based on the text dialogue *Buenos días*. Note that more than one choice may be correct.

1. Julio Martínez... (a) ✓ es médico. (b) _____ es enfermero. (c) ✓ trabaja en el hospital.

2. La señora Gómez... (a) ✓ es la mamá de Inés. (b) ✓ está en el hospital. (c) ✓ no está bien.

3. Inés... (a) _____ estudia en el hospital. (b) _____ es la mamá de la señorita Gómez. (c) _____ no está bien.

4. La mamá de Inés... (a) ✓ está tranquila. (b) ✓ está bastante bien. (c) ✓ tiene una hija.

5. El doctor habla con... (a) ✓ Inés Gómez. (b) _____ la enfermera. (c) _____ Julio Martínez.

II. Estudio de palabras

C. *¿Cómo se llama?* Give the word or expression defined. You should be able to understand the new cognates used in the definitions.

▶ persona que trabaja en hospitales y prescribe medicinas   *doctor/doctora*

1. división política en los Estados Unidos, como Ohio, Iowa, etc. _____

2. persona que repara automóviles y motores   mecánico

3. pueblo grande como Nueva York _____

4. persona que trabaja en hospitales como auxiliar de los médicos   enfermera

5. contrario al "oeste"   este

6. contestación *(answer)* a "muchas gracias"   de nada

7. lugar donde trabajan médicos y enfermeras   el hospita

8. persona de México, femenino   mexicana

D. Write out in Spanish the numbers that appear in parentheses in the following statements.

▶ El doctor Jiménez tiene (2) *dos* hijos.

1. En la fábrica trabajan (13) _trece_ salvadoreños y (18) _dieciocho_ nicaragüenses.

2. No tengo (1) _uno_ apellido; tengo (2) _dos_ .

3. (9) _nueve_ y (5) _cinco_ son (14) _catorce_ .

4. (15) _quince_ menos (6) _seis_ son (9) _nueve_ .

5. La ciudad tiene (6) _seis_ fábricas de automóviles.

6. (11) _once_ y (8) _ocho_ son (19) _diecinueve_ .

7. ¿El martes (20) _veinte_ tienes (2) _dos_ o (3) _tres_ exámenes?

8. Yo no estudio el lunes (16) _dieciséis_ , estudio el martes (17) _diecisiete_ .

E. Identify in Spanish the classroom objects described, using the classroom scene below as a guide. Give the correct indefinite article with each item.

1. two things you need to write with

una pluma   _un lápiz_

2. two pieces of furniture you can use to write on

una mesa   _un escritorio_

3. two things you can find on the walls of a classroom

una pizarra   _un mapa_

4. three things you can read

un libro   _una revista_   _un periódico_

5. two things you can write exercises on

un cuaderno   _____

6. something you can use to draw straight lines

una regla

III. Estructuras útiles

F. *The indefinite article.* Supply the missing indefinite articles to complete the following sentences. Choose carefully between **un, una, unos** or **unas** for proper agreement.

▶ Luisa es *una* señora muy tranquila.

1. Rafael vive en ___una___ ciudad del este de España.

2. Martínez es ___un___ apellido hispánico.

3. Rita y Rosa son ___unas___ actrices magníficas.

4. "En contacto" es ___un___ libro de español.

5. Pedro tiene ___unos___ lápices americanos.

6. Cristina es ___una___ estudiante mexicana.

7. Trabajan en ___unas___ fábricas modernas.

8. Nosotros tenemos ___un___ mapa de México en la clase.

G. *Number: Singular and plural.* Rewrite the following sentences in the singular if they are in the plural, and vice versa.

▶ El señor Ramírez tiene el papel.   *Los señores Ramírez tienen los papeles.*

1. Ella es actriz.   Ellas son actrices

2. Él es español.   Ellos son españoles

3. Ellos son profesores.   El es profesor

4. Son unas lecciones.   Es una lección

5. Es una calculadora.   Son unas calculadoras

6. Yo soy profesora.   Son profesoras

H. *Omission of the indefinite article.* Create eight sentences using words from the columns that follow. Don't use the items in column D more than once, and include the correct indefinite article from column C only when necessary.

A	B	C	D
Valencia	soy	un	estudiante
Yo	es	una	bolígrafo
Rosa	son	unos	actrices
El señor Ramírez	tengo	unas	calculadora
El jueves	no tengo		español
Esto *(This)*			ciudad de España
Ellas			día de la semana
			mapas
			hijo

▶ *Rosa es estudiante.*

1. Valencia es una ciudad de España

2. Yo soy es estudiante

3. Rosa es tengo una calculadora

4. El señor Ramírez no tengo mapas

5. Ellas El jueves son actrices

6. _El jueves ~~son~~ es un día de la semana_
7. _Esto es un bolígrafo_
8. _____

I. *Adjectives of nationality.* One of your friends is telling you about people he/she knows all over the world. State the nationality of the persons mentioned.

► Juana Ibáñez vive en Inglaterra, pero *(but)* no es *inglesa* .

1. La señora Carmen Rodríguez no es _alemán_ , pero vive en Alemania.

2. François Levecque vive en Colombia, pero no es _columbiano_ ; su hija sí es _colombiana_ .

3. Pedro Ríos vive en Perú y es _peruano_ .

4. Nosotros vivimos aquí en Canadá, pero no somos _canadienses_ .

5. Yo tengo pasaporte de España; mi esposo es _español_ también.

6. Paolo Casanova no es de Italia; es _ecuatoriano_ porque *(because)* tiene pasaporte de Ecuador.

7. Ernest Hathaway trabaja en los Estados Unidos, pero no es _americano_ .

IV. Composición

J. You are applying to a summer program at a university in Spain. The Admissions Office requires you to fill out the following preliminary form as part of the application.

Nombres y apellidos: _A Cuateo_

Nacionalidad: _Canadiensa_

Ciudad o pueblo donde vive: _Toronto_

Lugar donde estudia: _____

Lugar donde trabaja: _____

K. Complete the following conversations that take place in a hospital between a doctor and a patient's relative.

Alberto García: Buenos días, Dr. Arango. ¿Cómo está mi hijo Albertico?

Dr. Arango: _Buenos días, señor. Está bastante bien_

Alberto García: ¡Magnífico! Muchas gracias. Doctor, ¿usted tiene un hijo que se llama Luis Arango?

Dr. Arango: _Sí_

Alberto García: Yo soy su profesor de matemáticas en el Colegio La Luz.

Dr. Arango: _____

Alberto García: Pues, hasta pronto, doctor.

Lección 2
Actividades de laboratorio

Pronunciación

Activity 1. You will hear pairs of sentences said once as a statement and once as a question. In your lab manual, indicate which of the two sentences is a question by supplying the question marks.

► Eres de Madrid. / ¿Eres de Madrid?   You write question marks for the second sentence.

First sentence	*Second sentence*
1. Dolores vive en Panamá.	Dolores vive en Panamá.
2. Ellos trabajan en el hospital.	Ellos trabajan en el hospital.
3. Vosotros sois de Valencia.	Vosotros sois de Valencia.
4. Estudias ciencias políticas.	Estudias ciencias políticas.
5. Jorge es profesor de inglés.	Jorge es profesor de inglés.
6. Ellas están en Buenos Aires.	Ellas están en Buenos Aires.

Estudio de palabras

Activity 2. You will hear sentences that contain numbers. Write the numerals in your lab manual.

► Tengo diez discos.   You write *10*.

1. _____   3. _____   5. _____   7. _____

2. _____   4. _____   6. _____   8. _____

Estructuras útiles

Activity 3. You will hear six statements. In your lab manual, write the indefinite article you hear.

► Vivo en un pueblo.   You write *un*.

1. _____   3. _____   5. _____

2. _____   4. _____   6. _____

Activity 4. You will hear two statements about the following persons' nationalities. The second statement is incomplete. Complete the statement by writing the appropriate form of the adjective of nationality in your lab manual.

► Luisa no es de Guatemala. No es . . .   You write *guatemalteca*.

1. _____   4. _____

2. _____   5. _____

3. _____   6. _____

Comprensión oral

Activity 5. Listen to the following impolite conversation twice. Then answer the questions by checking the appropriate responses in your lab manual.

1. _____ a. Me llamo Alfonso.
   _____ b. Se llama Alfonso.
   _____ c. Se llama Ramírez.

2. _____ a. Me llamo Lucía.
   _____ b. Se llama Martínez.
   _____ c. Se llama Lucía.

3. _____ a. Martínez.
   _____ b. Ramírez.
   _____ c. Martín.

4. _____ a. Es de China.
   _____ b. Es boliviano.
   _____ c. Es su apellido.

5. _____ a. Es casado.
   _____ b. Es soltero.
   _____ c. No, es boliviano.

Activity 6. You will hear a radio commercial twice. Then check the statements in your lab manual that best correspond to the message of the commercial. Try to grasp the main ideas. You are not expected to understand every word. Guess when necessary.

1. _____ a. This commercial is for a general store that sells everything, like a dime store.
   _____ b. This commercial is for a specialized store that sells office and school supplies.

2. _____ a. The name of the store is *Librería y Papelería Cervantes*.
   _____ b. The store's name is *Para Trabajo*.

3. _____ a. The store has low prices.
   _____ b. There is no reference to prices in the commercial.

4. _____ a. The store is conveniently located in a suburban shopping plaza.
   _____ b. The store is in the heart of a downtown area, in a city.

5. _____ a. The store is near the main bus routes.
   _____ b. The store is near the subway stop, Plaza Central.

Dictado

Activity 7. You will hear a description of an office read twice. In your lab manual, write the missing words to complete the description.

El médico trabaja _____. La oficina tiene

_____ y _____ . En

_____ del doctor y _____ de medicina.

El doctor _____ oficina. _____ enfermera

_____ y tiene un _____ y una _____ .

Lección 3
El mundo hispánico

I. Comprensión

A. Read the text dialogue *¿Te gusta bailar?;* then provide the following information.

1. Día de la fiesta: _____
2. Tipo de fiesta: _una fiesta latina_
3. Lugar de la fiesta: _el Club Borinquen_
4. Baile típico de Puerto Rico: _la salsa_
5. Nombre de Puerto Rico en lengua taína: _____

B. The following narrative is based on the dialogue between Paco and Tina. Complete the paragraph with words from the following lists, choosing a noun, verb, or adjective, as needed.

Sustantivos		Verbos	Adjetivos
canciones	Paco	baila	nostálgicas
exámenes	sábado	estudian	Latino
Borinquen	salsa	canta	alegres
Tina	fiesta	bailan	

El (1) _Sábado_, Tina y Paco (2) _bailan_ la salsa y cantan

(3) _Canciones_ alegres en una (4) _fiesta_ latina del Club

(5) _Borinquen_. A (6) _Tina_ le gusta bailar, sobre todo la

(7) _Salsa_. Ella (8) _____ bien en grupo, pero no le gustan

las canciones (9) _nostálgicas_ que canta Paco. La fiesta es para celebrar el fin de

semestre y olvidar los (10) _exámenes_.

II. Estudio de palabras

C. Choose the correct words from those given to complete the following sentences.

► Felipe es *estudiante* de la Universidad de Salamanca; estudia contabilidad. (profesor–nombre–estudiante–país)

1. Carlos trabaja en una fábrica de automóviles; es _mecánico_. (enfermero–tranquilo–mecánico–profesor)

2. El *New York Times* es _un periódico_ de Nueva York. (una revista–un periódico–un cuaderno–una papelera)

3. No necesito _una calculadora_ para saber *(to know)* cuántos son dos y cuatro... ¡son seis! (un disco–una pizarra–una ventana–una calculadora)

4. _Las enfermeras_ no estudian en la Facultad *(School)* de Medicina, pero los doctores, sí. (Las enfermeras–Las hijas–Los doctores–Los miércoles)

5. El profesor escribe *(is writing)* el problema de física en _la pizarra_. (la regla–el cassette–la pizarra–el lápiz)

6. El pueblo de Aguadilla no está en _el mapa_ de Puerto Rico.   (el escritorio–el mapa–el bolígrafo–la mesa)

7. La señora López necesita _una silla_ para sentarse *(to sit)* en su escritorio.   (una silla–un libro–una papelera–un mapa)

8. A Roberto no le gusta escribir con _un bolígrafo_; usa un lápiz.   (una puerta–un bolígrafo–una ventana–un cuaderno)

D. Each of the verbs listed is followed by four nouns or phrases. Cross out any that does not relate to the verb. You may cross out one, two, or three items, or none at all, as appropriate.

► bailar: el tango–la ~~lotería~~–la ~~regla~~–la ~~galería~~

1. hablar: el español–la ~~física~~–la sociedad–el inglés
2. leer: el amor–la ~~fiesta~~–la lección–el baile
3. aprender: el apellido–el escritorio–el bolígrafo–el ~~domingo~~
4. cantar: el ~~baile~~–la canción–la ~~fábrica~~–la ~~revista~~
5. trabajar: en el hospital–en el pueblo–en el club–en la lección

E. Complete each of the following sentences with a phrase related to an upcoming **fiesta**.

► Me gusta cantar *[canciones alegres]*.

1. Prometo no olvidar _____

2. En el Club Latino hay _____

3. El baile es para celebrar _____

4. ¿Tú escuchas _____ ?

5. No me gustan _____

III. Estructuras útiles

F. *Present tense of* **-ar** *verbs*. Choose the correct verbs from those given to complete the following sentences; then give the proper forms.

► El médico no *espera* el autobús; él tiene automóvil. (visitar–esperar–cantar)

1. Tú _____ la computadora los viernes, ¿verdad?   (usar–viajar–escuchar)

2. Yo no _____ cómo se llama usted.   (mirar–desear–olvidar)

3. Ellas _____ dónde vive la enfermera.   (preguntar–viajar–pasar)

4. ¿Vicente y tú _____ el libro de Ciudad de México?   (llegar–mirar–llamar)

5. ¿Usted _____ aspirinas?   (tomar–trabajar–preguntar)

6. En la clase de español nosotros no _____ inglés.   (bailar–llamar–hablar)

7. Los viernes (yo) _____ de la universidad a mi casa *(house)*.

   (mirar–preguntar–caminar)

8. Tú no _____ los domingos, ¿no?   (trabajar–llegar–buscar)

G. *Present tense of* **-ar** *verbs.* You are organizing a high school class reunion with your friends Ramón, Gloria, and Rafael. Tell what each one of you is doing by selecting the appropriate verbs from the list. Be sure to supply the correct form of each verb and to use the verbs only once.

invitar *invite*　　hablar *speak*　　trabajar *work*
buscar *look for*　　llamar *name/wait*　　necesitar *need*
comprar *buy*　　esperar *wait*　　contestar *answer*

1. Ramón ___espera___ el coche para buscar las sillas.

2. Gloria ___compra___ los discos en casa de Claudia.

3. Yo ___hablo___ a los estudiantes de la clase.

4. Nosotros ___trabajamos___ mucho para preparar la fiesta.

5. Rafael ___necesita___ la comida *(food)* que necesitamos.

6. Los estudiantes ___contestan___ a nuestras invitaciones.

H. *The definite article.* Supply the missing definite articles to complete the following sentences. Choose carefully between **el, la, los,** or **las** for proper agreement. If no article is needed, leave the space blank.

► — _____ Señorita Ruiz, éste es *el* doctor Pérez.

1. No me gustan ___las___ lenguas modernas.

2. Necesito ___los___ libros de francés ___el___ martes 19.

3. — Buenos días, señora Jiménez, ¿cómo está ___el___ señor Jiménez?

4. Raúl tiene ___los___ exámenes ___el___ viernes.

5. Nunca olvidamos ___los___ días que pasamos en ___la___ ciudad de Veracruz.

6. ___Ella___ Independencia de ___los___ Estados Unidos se celebra *(is celebrated)* ___los/el___
   lunes 4 de julio.

7. ¿A ti te gusta ___la___ clase de historia?

8. Laura visita ___los___ pueblos pero le gusta vivir en ___las___ ciudades

I. *Present tense of* **-ar** *verbs and the definite article.* Expand the following series of words into correctly written sentences by providing the appropriate definite articles and the correct forms of the verbs.

► (yo) / necesitar / música / para / fiesta　　*(Yo) necesito la música para la fiesta.*

1. (Marta y tú) / esperar / autobús / de / San Antonio

   Marta y tú esperamos el autobús de San Antonio

2. profesor / contestar / preguntas / de / estudiantes

   El profesor contesta las preguntas de estudiantes

3. (ellas) / pasar / martes / en / pueblo

   Ellas pasan el martes en pueblo.

4. me / gustar / visitar / ciudades grandes

   Me gusta visita las ciudades grandes.

5. señorita Paz / escuchar / discos

   Señorita Paz escucha los discos

J. *Constructions with* **gustar.** Prepare five questions that you would ask a visiting student from Ecuador about his/her likes and dislikes. Use the following list as a guide.

los Estados Unidos   escuchar la radio en inglés
las computadoras personales   los programas en la televisión norteamericana
la literatura inglesa   pasar las vacaciones en Florida
bailar "rock"   las matemáticas

► *¿Te gusta escuchar la radio en inglés?*

1. _____

2. _____

3. _____

4. _____

5. _____

IV. Composición

K. What would you say in Spanish when somebody…

► …asks you if you like coffee?   — *Sí, me gusta el café. (— No, no me gusta el café. Tomo té.)*

1. …greets you by saying "Good morning, how are you?"

   _____

2. …asks you if you study engineering?

   _____

3. …invites you to go to a party on Friday?

   _____

4. …asks you if you like to sing?

   _____

5. …invites you to spend three days in Acapulco?

   _____

6. …asks you to arrive at six for your class?

   _____

L. Find out three things or activities your friend likes and three things he/she dislikes. Write a brief statement expressing your findings and then write the same about yourself.

A mi amigo/a _____

_____

_____

A mí me _____

_____

_____

Lección 3
Actividades de laboratorio

Pronunciación

Activity 1. You will hear eight statements. One word in each statement will be repeated. In your lab manual, indicate whether the word should be capitalized or not by placing a check mark beside the appropriate form.

► Me llamo Carlos. / Carlos   ✔ Carlos _____ carlos

1. _____ Médico	_____ médico	5. _____ Yo	_____ yo
2. _____ Valencia	_____ valencia	6. _____ Lunes	_____ lunes
3. _____ Panameño	_____ panameño	7. _____ Diciembre	_____ diciembre
4. _____ Francés	_____ francés	8. _____ Yo	_____ yo

Activity 2. You will hear a series of Spanish words you have not learned yet. The words will be pronounced twice. Write the word you hear in your lab manual. The word will then be spelled for you in Spanish and pronounced again. Correct your spelling.

► enfermería, enfermería   You write *enfermería.*

1. _____   4. _____

2. _____   5. _____

3. _____   6. _____

Estructuras útiles

Activity 3. You will hear a series of sentences with **-ar** verbs. After each sentence, check the subject pronoun in your lab manual that corresponds to the verb. The correct pronoun will then be given on the tape so that you can correct your answers immediately.

► Hablan español.   You mark *ustedes/ellos/ellas.*

	Yo	*Tú*	*Usted/él/ella*	*Nosotros*	*Vosotros*	*Ustedes/ellos/ellas*
1.	_____	_____	_____	_____	_____	_____
2.	_____	_____	_____	_____	_____	_____
3.	_____	_____	_____	_____	_____	_____
4.	_____	_____	_____	_____	_____	_____
5.	_____	_____	_____	_____	_____	_____
6.	_____	_____	_____	_____	_____	_____
7.	_____	_____	_____	_____	_____	_____
8.	_____	_____	_____	_____	_____	_____

Activity 4. You will hear questions with the verb **gustar**. In your lab manual, place a check mark beside the most appropriate response for each question.

▶ ¿Te gusta bailar o hablar? _____ a. Te gusta bailar.
                                        ✔ b. Me gusta bailar.
                                       _____ c. Sí, yo hablo español muy bien.

1. _____ a. Sí, los museos son de usted.
   _____ b. Sí, me gustan mucho.
   _____ c. Sí, le gustan los museos.

2. _____ a. Sí, le gustan los pueblos.
   _____ b. Sí, te gusta mucho.
   _____ c. Sí, me gusta el pueblo.

3. _____ a. No, no le gustan.
   _____ b. Sí, son los hijos de la enfermera.
   _____ c. No, no me gustan.

4. _____ a. A usted le gusta trabajar los lunes.
   _____ b. No, ellos no trabajan los lunes.
   _____ c. A ella le gustan los lunes.

5. _____ a. Sí, te gusta mucho Bolivia.
   _____ b. Sí, le gusta.
   _____ c. Sí, me gusta mucho Bolivia.

6. _____ a. No te gustan.
   _____ b. Te gustan los amigos.
   _____ c. Me gustan los amigos.

Comprensión oral

Activity 5. You will hear a telephone conversation between Luis and Adela said twice. Then you will hear four questions about the conversation. In your lab manual, check the most appropriate response to each question.

1. _____ a. Sí, es el viernes.
   _____ b. No, no es un examen.
   _____ c. No, es el jueves.

2. _____ a. La música para bailar es buena y alegre.
   _____ b. La música de fondo es buena y alegre.
   _____ c. No hay música para bailar en la Unión.

3. _____ a. Durante el día.
   _____ b. En la Unión de Estudiantes.
   _____ c. Son canciones nostálgicas.

4. _____ a. Hay música nostálgica.
   _____ b. No hay música.
   _____ c. Hay fiesta.

Activity 6. You will hear a question followed by two answers. In your lab manual, mark *iguales* if both answers have the same meaning. Mark *diferentes* if they have different meanings.

▶ Le gusta a Elisa la clase de geología?   You mark *iguales*.
  a. Sí, es su asignatura preferida.
  b. Sí, le gusta mucho.

	Iguales	*Diferentes*		*Iguales*	*Diferentes*
1.	_____	_____	4.	_____	_____
2.	_____	_____	5.	_____	_____
3.	_____	_____	6.	_____	_____

Dictado

Activity 7. You will hear three sentences about a party. In your lab manual, write the sentences as you hear them. The sentences will be read a second time with pauses so that you can fill in any words you missed the first time.

1. _____

2. _____

3. _____

Lección 4
En España

I. Comprensión

A. The following narration contains information that is different from the facts given in the dialogue *¡Qué barbaridad!* After reading the dialogue, rewrite the paragraph, replacing the words and phrases that differ from the text dialogue with those from the lesson.

Ricardo Duarte y Marisol Solana son estudiantes de la Escuela de Medicina de la Universidad de Valencia. Hoy Ricardo ve a su amiga Rosa en un hospital del pueblo. Ricardo busca al doctor Gómez, profesor de biología, y Rosa busca la oficina principal del hospital. El doctor Gómez es el padre de Anita, la amiga de Marisol. Es un profesor estupendo pero muy severo.

_____

_____

_____

_____

_____

II. Estudio de palabras

B. Complete the following conversational exchanges by selecting appropriate words or phrases from the list that follows. Use each word or phrase only once.

no me gusta	extranjero	le gusta	el centro
mi amigo	severos	un poquito	¡qué barbaridad!
¡qué lástima!	cuántos	me llamo	la librería
un joven	¡magnífico!	los hermanos	unos niños

► — ¿Cómo se llama usted?   — *Me llamo* Alberto Smith Guevara.

1. — ¿A quién ve usted en el centro los sábados?

   — ¿Los sábados? Veo a _____ Roberto en _____ donde trabaja.

2. — ¿Quién es tu compañero de cuarto?

   — Es _____ extranjero, pero habla _____ de inglés.

3. — ¿Estudia usted geología?

   — No estudio geología. ¡_____ la geología!

4. — ¿Son ustedes severos o indulgentes con sus hijos?

   — Nosotros no somos _____ con nuestros hijos. ¡Son _____ muy tranquilos!

5. — Vivo en un apartamento en el centro de Madrid.

— ¿Sí? ¿_____ vivir en _____?

6. — Mi hermano José vive en el pueblo con mis padres.

— ¡_____! ¿_____ hermanos tiene usted?

— Ocho.

— ¡_____!

C. Alfonso Sastre and his wife, Concepción, have four children: Magda (22), Sara (19), Fernando (17), and Milagros (13). Describe the relationships of the family members. Be as specific as you can, and use the words **mayor** and **menor** when appropriate.

1. Don Alfonso es el _____ de Magda, Sara y Milagros.

2. Sara, Milagros y Magda son _____.

3. La señora Sastre es la _____ de Fernando.

4. Fernando es el _____ de Milagros.

5. Alfonso y Concepción tienen cuatro _____.

6. Magda y Sara son las _____ de Fernando y Milagros.

7. Los señores Sastre son los _____ de Sara, Magda, Milagros y Fernando.

8. Magda es la _____ de Alfonso y Concepción. Milagros es la

_____ de Magda.

III. Estructuras útiles

D. *Possession and close relationship with* **de.** Express possession or close relationship by using **de** with the following pairs of words or phrases.

► hermana / Raquel   *Es la hermana de Raquel.*

1. tocadiscos / señora Alonso   _____

2. librería / la mamá de Rosa   _____

3. automóvil / ustedes   _____

4. amiga / Luisa   _____

5. padres / los estudiantes   _____

E. *Possessive adjectives.* Complete the following exchanges with the appropriate possessive adjective.

► — ¿De quién es este televisor? ¿de Susana?
   — Sí, es *su* televisor.

1. — Raúl, ¿ésta es tu calculadora?

— No, no es _____ calculadora, es de mi padre.

2. — Eugenia y José, ¿dónde están sus libros?

— _____ libros están en la mesa.

3. — Me gusta tu computadora. ¿De dónde es?

— _____ computadora es de los Estados Unidos.

4. — ¿Necesitan mis discos para el baile?

— Sí, necesitamos _____ discos el sábado.

5. — Aquí están las fotos de Clarita, ¿no?

— No, _____ fotos están en la clase.

6. — ¿Tus hermanos estudian en la universidad?

— No, _____ hermanos trabajan en una fábrica de automóviles.

F. *Possessive adjectives.* After a class picnic you and your friends throw everything into the back of the car. Upon arriving home, help sort out who owns what. Answer the questions imaginatively, using at least one possessive adjective in each response.

▶ ¿De quién son los cassettes? ¿de Pedro?   *Sí, son sus cassettes. (No, no son sus cassettes. ¡Son mis cassettes!)*

1. ¿Es el tocadiscos de Sandra?

   _____

2. ¿De quién es el radio? ¿de Lorenzo y su hermano?

   _____

3. ¿Son las revistas de Felipe?

   _____

4. ¿Quién tiene mis discos de salsa?

   _____

5. ¿De quién son las sillas? ¿de los profesores?

   _____

G. *Personal* **a.** Expand each of the following series of words into a correctly written sentence, giving the correct forms of the verbs, and adding any words that you feel are necessary. Pay special attention to the use of the personal **a.**

▶ chicas / visitar / padres   *Las chicas visitan a sus padres.*

1. yo / buscar / periódicos extranjeros

   _____

2. ellas / llamar / amiga / Miguel

   _____

3. chicos / esperar / taxi

   _____

4. tú / tener / hermano mayor

   _____

5. hermana / escuchar / discos / español

   _____

6. yo / ver / Teresita / sábados

   _____

H. *Personal* **a.** Complete the following sentences by adding at least three more words to each. Use your imagination.

► Yo no llamo *[a mis amigos los lunes]*.

1. Esa señora invita _____

2. Necesitamos visitar _____

3. ¿Ustedes tienen _____?

4. Ramón busca _____

5. Mis padres esperan _____

I. *The invariable form* **hay.** Create sentences using **hay**, mentioning two things or people that can be found in the following places.

► hotel   *En un hotel hay [puertas y ventanas].*

1. clase   _____

2. pueblo   _____

3. fiesta   _____

4. hospital _____

5. continente _____

IV. Composición

J. Complete the following conversation with appropriate responses.

En la librería

Mercedes: _____

   Luis: ¡Hola, Mercedes! ¿Tú por aquí? ¿Qué haces?

Mercedes: _____

   Luis: No, yo no estudio biología este año. ¿Quién es tu profesor?

Mercedes: _____

   Luis: No, no es mi padre. Tiene el mismo *(same)* apellido, pero no es mi padre.

K. Compose a brief paragraph (around fifty words) about your classroom or town, being as creative as you can. You might tell what things or people can be found there, what you do, whether you like it or not, etc. Some useful verbs are **ser, trabajar, me gusta,** and **hay.** (See page 55 in your textbook for other verbs you could use.)

_____

_____

_____

_____

_____

Sopa de letras

Discover the days of the week hidden in the puzzle. The words may appear horizontally, vertically, or diagonally.

D	E	L	P	I	D	J	E	C	I	R	T
O	X	T	M	H	M	T	F	V	U	M	A
M	V	W	I	R	S	A	B	A	D	O	G
I	Ñ	O	E	C	Q	G	R	K	L	S	J
N	G	A	R	B	I	E	N	T	R	I	P
G	H	K	C	V	M	L	O	D	E	C	Ñ
O	E	R	O	T	J	U	E	V	E	S	A
D	U	F	L	P	A	N	H	A	Ñ	O	T
B	V	I	E	R	N	E	S	F	I	W	K
O	N	J	S	I	C	S	G	U	R	N	E

Lección 4
Actividades de laboratorio

Pronunciación

Activity 1. You will hear two sentences. In your lab manual, underline the stressed syllable in each word containing more than one syllable.

1. El profesor Pérez no es indulgente.

2. ¡Qué lástima! No hablo lenguas extranjeras.

Activity 2. You will hear pairs of similar words. One word in each pair requires a written accent. Repeat the words exactly as you hear them pronounced, then write the accent for the appropriate word in your lab manual.

► estudio–estudio   *estudió–estudio*

	First	*Second*
1.	entre	entre
2.	celebre	celebre
3.	compro	compro
4.	media	media
5.	papa	papa
6.	dejo	dejo

Activity 3. You will hear eight statements about family members. In your lab manual, write the number of each statement under the appropriate picture.

a. _____   b. _____   c. _____   d. _____

e. _____   f. _____   g. _____   h. _____

Comprensión oral

Activity 4. You will hear a short narration twice. In your lab manual there are five statements. Indicate whether each statement is *correct, incorrect,* or contains *information not given,* according to the narration.

	Correct	*Incorrect*	*Not given*
1. Dolores y Alberto son hermanos.	_____	_____	_____
2. Alberto estudia medicina y Dolores es enfermera.	_____	_____	_____
3. Alberto estudia en la biblioteca.	_____	_____	_____
4. Alberto estudia de lunes a domingo.	_____	_____	_____
5. Alberto y Dolores pasan las vacaciones en Puerto Rico.	_____	_____	_____

Activity 5. You will hear a brief recorded message twice. You are not expected to understand every word. Concentrate on understanding the main ideas and information. Then mark the statements in your lab manual that best correspond to the message.

1. _____ a. The message is from an institution of higher learning with research facilities.

    _____ b. The message is from a municipal library.

2. _____ a. In the message there is a reference to book loans.

    _____ b. In the message there is a reference to job opportunities for professionals.

3. _____ a. They have special programs for the elderly.

    _____ b. They have special programs for children.

4. _____ a. They can answer many questions because they have many reference books.

    _____ b. They can answer many questions because they have many telephones.

5. _____ a. The institution is open every day of the week except Sundays.

    _____ b. The institution is open five days a week.

Dictado

Activity 6. You will hear a question and an answer. Then you will hear the question again. During the pause, write the answer you heard in your lab manual.

► ¿Cuántos libros necesito?   You write *Necesitas dos libros.*
  Necesitas dos libros.
  ¿Cuántos libros necesito?

1. _____
2. _____
3. _____
4. _____
5. _____

Lección 5
En México

I. Comprensión

A. The sentences in this brief summary of the dialogue *¿Hay un banco por aquí?* are scrambled and in the wrong sequence. After reading the dialogue in the text, unscramble the cues to write a complete sentence; then assign each sentence a number to indicate the correct sequence of events.

1. porque / habla / a / un banco / necesita ir / con un policía

_____ No.____

2. a unas / está / banco / el / ocho cuadras

_____ No.____

3. cambiar / pesos / por / bolívares / necesita

_____ No.____

4. en autobús / es / ir / posible / allí / o / en metro

_____ No.____

5. está de vacaciones / Carlos Guzmán / en Ciudad de México

_____ No.____

II. Estudio de palabras

B. Identify the things or places illustrated. Give the correct form of the definite article with each noun.

1. _____ 2. _____ 3. _____ 4. _____

5. _____ 6. _____ 7. _____ 8. _____

C. Identify three places in your home town or city, one that is near your house, one about three blocks away, and one that is far from your house. Use complete sentences.

1. _____

2. _____

3. _____

D. Complete the following statements about activities you normally do or do not do.

► Siempre voy al mercado *[los viernes después de las clases]*.

1. Voy a pie _____

2. Necesito cambiar _____

3. Paso las vacaciones _____

4. Nunca respondo a las cartas *(letters)* _____

5. Trabajo mucho_____

6. Siempre voy en coche _____

7. Me gusta ir_____

8. Después de las clases regreso_____

III. Estructuras útiles

E. *Present tense of* **estar.** Imagine that some people you know are in the following situations. Indicate whether you think they will feel nervous, calm, happy, furious, sad, or tired.

► Su hermano va de vacaciones a Cancún.   *Está contento.*

1. Usted va a la esquina y no hay taxis. _____

2. Su padre trabaja mucho. _____

3. Su amigo Julio tiene un examen. _____

4. Su compañero/a de cuarto va a una fiesta. _____

5. La chica nueva de la clase no tiene amigos. _____

6. Usted camina por el parque. _____

F. *Present tense of* **estar.** Tell where the following people are when they do the activities described.

► Luisa compra muchas frutas.   *Está en el mercado.*

1. Marta y Carlos miran un filme. _____

2. El agente de policía dirige el tránsito. _____

3. Tú caminas. _____

4. Nosotros buscamos un bolígrafo. _____

5. Magda cambia dinero. _____

6. Usted desea hablar con un médico. _____

G. *Present tense of* **ir.** Indicate where the following persons go when they are in the situation described.

► Necesito dinero.   *Voy al banco.*

1. Isabel está muy cansada. _____

2. Necesitamos estudiar. _____

3. Mis primos necesitan comprar libros. _____

4. Ustedes desean ver un drama. _____

5. Acabo de llegar a la ciudad. _____

6. Tú deseas ver esculturas famosas. _____

H. Ir a + *infinitive*. Write one thing that the following people are going to do tomorrow and one that they are going to do next week *(la semana próxima)*.

1. (Ud.–mañana) _____

_____

2. (Ud.–la semana próxima) _____

_____

3. (tu mejor amigo/a–mañana) _____

_____

4. (tu mejor amigo/a–la semana próxima) _____

_____

5. (nosotros/as–mañana)_____

_____

6. (nosotros/as–la semana próxima) _____

_____

I. *Contractions* **al** *and* **del.** Complete the following section of a letter from Margarita to her friend Isabel, using **a** or **de** and the appropriate form of the definite article.

Querida Isabel,

Ayer fui *(Yesterday I went)* (1) _____ cine con Alfredo, el hijo (2) _____ director (3) _____

Banco San José. Su mamá es la directora (4) _____ escuela secundaria. Como los dos somos

(5) _____ pueblo de San José y allí no hay cines, vamos (6) _____ función *(show, f.)*

(7) _____ sábado todas las semanas. (8) _____ lunes (9) _____ viernes trabajamos y

estudiamos, pero el sábado... ¡vamos (10) _____ cine!

   Vamos en el autobús que pasa cerca (11) _____ universidad. Vamos (12) _____ Sala

Universal, muy elegante, y después (13) _____ programa vamos (14) _____ restaurante chino

Pekín, que está frente (15) _____ cine . . . .

Tu amiga,
Margarita

J. *Word order in interrogative sentences.* Rosa is telling you about your friend Ricardo, but there is so much noise that you can't understand what she is saying. Ask a question to clarify each of her comments. More than one question may be possible.

▶ Ricardo no va a ir al cine.   *¿Adónde no va a ir Ricardo?*

1. Ricardo dice que está muy cansado. _____

2. Él trabaja mucho en el mercado. _____

3. Después estudia seis horas. _____

4. Va a clase por la noche. _____

5. Vive lejos de la universidad. _____

IV. Composición

K. Write two or three sentences about each of the following topics.

1. Explain where the hotel closest to the university is.

_____

_____

_____

2. Tell a friend three things you are going to do this coming weekend.

_____

_____

_____

3. Give a friend an excuse for not going somewhere with him/her.

_____

_____

_____

L. Write the three most important questions that you would be likely to ask a police officer when visiting a city for the first time.

1. _____

2. _____

3. _____

Lección 5
Actividades de laboratorio

Comprensión

Activity 1. You will hear six statements about the dialogue. In your lab manual mark *sí* if the statement is true; mark *no* if it is false.

	Sí	*No*		*Sí*	*No*
1.	_____	_____	4.	_____	_____
2.	_____	_____	5.	_____	_____
3.	_____	_____	6.	_____	_____

Pronunciación

Activity 2. You will hear six words. Check the word you hear in the appropriate space in your lab manual.

1. _____ lodo _____ loro   3. _____ dado _____ caro   5. _____ Judas _____ juras

2. _____ modo _____ moro   4. _____ fado _____ faro   6. _____ podo _____ poro

Activity 3. You will hear groups of three words. In your lab manual, circle the ones that are the same in each group, *1, 2,* or *3*. If the three words are different, circle *0*.

► miras–midas–miras   You circle *1* and *3*.

► miras–midas–minas   You circle *0* because the three words are different.

1. 0–1–2–3   4. 0–1–2–3

2. 0–1–2–3   5. 0–1–2–3

3. 0–1–2–3

Estudio de palabras

Activity 4. You will hear a series of statements, each one referring to a picture in your lab manual. During the pause, write the number of the statement under the appropriate picture.

a. _____

b. _____

c. _____

d. _____

e. _____

f. _____

g. _____

h. _____

i. _____

j. _____

k. _____

l. _____

Estructuras útiles

Activity 5. You will hear an incomplete statement. In your lab manual, you will see two possible endings. Only one of the endings is correct. Complete the statement you hear by placing a check mark beside the appropriate ending.

	a		*b*
1.	_____ en el hospital	_____	cansado
2.	_____ está aquí ahora	_____	va al restaurante
3.	_____ las vacaciones	_____	a la biblioteca
4.	_____ vamos a bailar ahora	_____	voy a estudiar ahora
5.	_____ ir en autobús	_____	ir a pie
6.	_____ detrás	_____	frente
7.	_____ ¿habla usted?	_____	¿no es verdad?
8.	_____ aquí	_____	contento

Comprensión oral

Activity 6. You will hear a question or statement followed by a response. In your lab manual, place a check mark under *lógico* if the response is logical. Mark *absurdo* if the response is unlikely.

► — ¿Dónde vive usted?   You mark *absurdo*.
  — Estoy aquí.

	Lógico	*Absurdo*		*Lógico*	*Absurdo*
1.	_____	_____	5.	_____	_____
2.	_____	_____	6.	_____	_____
3.	_____	_____	7.	_____	_____
4.	_____	_____	8.	_____	_____

Activity 7. You will hear four questions. After each question you will hear three answers, *a, b,* and *c.* In your lab manual, check the letter of each correct answer. A question may have one, two, or three correct answers.

▶ ¿Cómo está usted?　　　　　　You mark *a* and *b.*
　　a. Muy bien.　b. Cansado.　c. Aquí.

	a	*b*	*c*
1. ¿Cuántas bibliotecas hay en la ciudad?	_____	_____	_____
2. ¿Dónde está el "Almacén Ultra"?	_____	_____	_____
3. ¿Adónde va tu padre?	_____	_____	_____
4. ¿Qué hacemos ahora?	_____	_____	_____

Dictado

Activity 8. Complete the following description of a city by supplying the missing words in your lab manual. You will hear the complete description twice.

_____ en una ciudad muy atractiva. Está _____ la capital. Hay muchos

bancos, _____, bibliotecas y _____ excelentes. Vivo a tres

_____ de la _____ principal y voy _____ a todos los puntos

de interés que _____ en la ciudad.

　　Mi _____ también vive en la ciudad, pero todos _____ muy

_____ del centro. Para _____ a mi familia tomo _____ que

_____ rápido y _____ muy económico.

Lección 6
En los Estados Unidos

I. Comprensión

A. Read the text dialogue *¿Cómo es tu primo?;* then provide the following information.

1. Relación que existe entre Daniel y Carolina: _____

2. Lugar donde están ellos: _____

3. Lo que hacen mientras hablan: _____

4. Nombre de la persona a quien esperan: _____

5. Relación que existe entre Daniel y Enrique: _____

6. Opinión de Daniel sobre el café que toma: _____

7. Profesión de Enrique: _____

8. Descripción de Enrique: _____

II. Estudio de palabras

B. What adjectives would you use to describe the following people and things? Choose two or three characteristics for each item, selecting the adjectives from the following list and giving the appropriate form for each.

activo	bueno	gordo	lindo	pesimista
alto	delgado	guapo	malo	rubio
antipático	feo	inteligente	moreno	simpático
arrogante	fuerte	interesante	optimista	tacaño
bajo	generoso	joven	perezoso	viejo

► Mi padre es *[activo, optimista y generoso]*.

1. Mis primos son _____

2. La clase de ciencias políticas es _____

3. El médico de mi familia es _____

4. Mi mamá es _____

5. Mi novio/a es _____

6. El presidente del país es _____

C. Supply five adjectives in each of the following categories, using adjectives in Exercise B and others you have learned in *Lección 6*. Note that some adjectives could fit in more than one category.

1. Good qualities: *generoso/a* _____

_____

2. Bad qualities: *arrogante* _____

_____

3. Visual or physical characteristics: _delgado/a_ _____

_____

4. Psychological, moral or intellectual characteristics: _inteligente_ _____

_____

5. Colors: _amarillo_ _____

_____

III. Estructuras útiles

D. *Descriptive adjectives and agreement.* Complete each of the following descriptions with the most appropriate adjective from the list. Be sure that the adjective agrees with the noun modified.

rico	moreno	humilde	delgado
delicioso	viejo	generoso	pobre
tacaño	joven	antipático	simpático

► El primo de mi padre es _viejo_ ; tiene 85 años.

1. Mi amiga Sara vive en una casa elegante en Beverly Hills. Ella es muy _____.

2. Héctor y su hermano tienen muchos amigos; todo el mundo habla con ellos. Son unos muchachos

   muy _____.

3. Me gusta mucho el helado; ¡este helado de vainilla está _____!

4. El novio de Susana no come mucho; está muy _____.

5. El padre de Teresita ayuda *(helps)* mucho a los pobres. ¡Qué hombre tan _____!

6. Laura y Pili regresan hoy de sus vacaciones en una isla en el Mar Caribe. Van a estar

   muy _____.

E. *Present tense of* **-er** *and* **-ir** *verbs.* Do you think the people indicated do the things described? Give an opinion, using a complete sentence. If you make a negative statement, tell something that the person does do.

► beber vino en las fiestas   (yo)   *Yo bebo vino en las fiestas. (Yo no bebo vino en las fiestas,*
                                        [bebo cerveza].)

1. asistir a clase todos los días   (mi amiga)

   _____

2. comprender ruso   (mis padres)

   _____

3. escribir cartas a los senadores   (nosotros)

   _____

4. vender helados en el aeropuerto   (ellas)

   _____

5. prometer pagar *(pay)* toda la cuenta en el restaurante   (yo)

   _____

6. leer el periódico todos los días   (tú)

   _____

F. *Present tense of* **-er** *and* **-ir** *verbs.* Choose the correct verbs from those given to complete the following paragraphs; then give the proper forms.

1. Yo siempre *(always)* ___como___ (beber–leer–comer) en un restaurante chino que está cerca

   de mi casa. Allí (yo) como, _____ (comer–beber–vender) cerveza, y hablo mucho con el

   camarero. (Yo) ya _____ (comprender–describir–asistir) un poco el idioma y mi amigo

   el camarero siempre _____ (vivir–prometer–describir) cómo son las cosas en China.

2. Desde septiembre estoy en un programa universitario en Barcelona. (Yo) _____

   (vivir–recibir–aprender) con una familia española y también _____

   (decidir–escribir–asistir) a clases de español para extranjeros en la universidad. En las clases (nosotros)

   _____ (vender–aprender–dividir) gramática española y _____

   (recibir–prometer–leer) novelas famosas.

G. *Use of* **¡qué!** *in exclamations.* React with surprise, happiness, or sorrow to the following situations. Give two reactions, onc using **¡qué!** and a noun or adjective, and one using **¡qué!** and **más** or **tan** plus an adjective.

► Mi hermana no desea hablar con nadie hoy. *¡Qué antipática!*
                                            ¡Qué chica tan (más) antipática!

1. Este aeropuerto es muy grande.

   _____

   _____

2. Tu primo tiene cuatro millones de dólares.

   _____

   _____

3. Este examen de inglés es muy difícil.

   _____

   _____

4. Ayer tuvimos *(we had)* una fiesta en el Club Español.

   _____

   _____

5. Mi amigo Ramón comprende muy bien los problemas de física.

   _____

   _____

H. *Adverbs in* **-mente.** Complete the following sentences with an adverb ending in **-mente,** using the italicized adjective to form the adverb.

► Elena es *inteligente,* pero no come muy *inteligentemente.*

1. El amigo de Luis es muy *nervioso,* por eso *(for that reason)* baila _____

2. Esa cerveza es un producto *internacional.* Se anuncia *(It is advertised)* _____ _____

3. ¡Qué lugar más *tranquilo!* Aquí sí voy a leer _____

4. Estoy *triste*, por eso canto _____

5. Ricardo no es muy *generoso*, por eso no da *(gives)* dinero _____

6. Ella es muy *activa*, pero no trabaja _____

7. Ustedes son muy *arrogantes* y hablan muy _____

8. Las instrucciones para llegar allí son muy *fáciles*. Vas a llegar_____

I. **Ser** *and* **estar** *in contrast.* Select the correct words or phrases from those given to complete the following sentences.

► Ernesto Pérez es <u>*profesor*</u> .   (ocupado–cansado–aquí–profesor)

1. Yo estoy en el hospital porque soy _____.   (enfermo–enfermera–aquí–cerca)

2. Mi prima Rosita está _____.   (cantante–de Perú–contenta–peruana)

3. Sofía no es _____, pero ahora está en Colombia.   (de madera–colombiana–en el centro–contenta)

4. No vamos a la fiesta porque estamos _____.   (contentos–ocupados–difíciles–mecánicos)

5. Mis primos siempre están _____.   (técnicos–cansados–jóvenes–antipáticos)

   ¡Son muy _____!   (perezosos–dormidos–humildes–tristes)

J. **Ser** *and* **estar** *in contrast.* Combine elements from each column to form six sentences. Give the appropriate forms of the verbs and make all other necessary changes.

A	*B*	*C*
El cantante	ser	estudiante
Los mecánicos	estar	generoso
Usted		aquí
Tú		cerrado
Yo		guatemalteco
Ella		contento
Mi novio/a		joven
Su libro		ocupado

► *Tú eres generosa.*

1. _____

2. _____

3. _____

4. _____

5. _____

6. _____

IV. Composición

K. Compose a brief paragraph of five sentences describing the things that happen when you go to a restaurant. What do you like or dislike? Whom do you talk to in the course of the meal? What do you do when you finish eating? The first sentence has been given as a guide, but you can start differently if you prefer. Use the verbs given below and/or others that you know.

beber	decidir	pagar	ir
comer	leer (el menú)	llamar	preguntar

Cuando voy a un restaurante me gusta leer el menú tranquilamente . . . _____

_____

_____

_____

_____

_____

L. Describe your favorite person. Mention two or three important characteristics of the person and two or three important things he/she does.

_____

_____

_____

_____

_____

¿Recuerda usted?

Constructions with **gustar.** Say whether the following people like or do not like the indicated things.

▶ (yo) / estudiar   *(No) me gusta estudiar.*

1. tú / hablar por teléfono mucho tiempo   _____

2. (yo) / el teatro   _____

3. usted / los exámenes   _____

4. tú / viajar a Europa   _____

5. (yo) / trabajar los domingos   _____

6. usted / las matemáticas   _____

Lección 6
Actividades de laboratorio

Pronunciación

Activity 1. You will hear a pair of words. One has a flap [r] sound and the other has a trilled [R] sound. In your lab manual, indicate which word contains the trilled [R] sound by marking *first word* or *second word*.

► pero–perro   You mark *second.*

First word   *Second word*

1. _____   _____
2. _____   _____
3. _____   _____
4. _____   _____
5. _____   _____

Estructuras útiles

Activity 2. You will hear questions about what someone or something is like, followed by incomplete answers. Complete each answer by marking the appropriate form of the adjective given in your lab manual.

► ¿Cómo es tu prima?   _____ alto   ✔ alta   _____ altos   _____ altas
   Mi prima es . . .

1. _____ moreno   ✔ morena   _____ morenos   _____ morenas

2. _____ fácil   _____ fáciles

3. _____ fantástico   _____ fantástica   _____ fantásticos   _____ fantásticas

4. _____ simpático   _____ simpática   _____ simpáticos   _____ simpáticas

5. _____ flaco   _____ flaca   _____ flacos   _____ flacas

6. _____ interesante   _____ interesantes

Comprensión oral

Activity 3. You will hear a radio announcement about a lost child twice. In your lab manual, check *a* or *b* for the items that best describe the child.

	a	*b*
1.	_____ Sexo: Masculino	_____ Sexo: Femenino
2.	_____ Niño	_____ Joven
3.	_____ Casado	_____ Soltero
4.	_____ Alto	_____ Bajo
5.	_____ Moreno	_____ Rubio
6.	_____ Delgado	_____ Gordo
7.	_____ Perezoso	_____ Activo
8.	_____ Tonto	_____ Inteligente
9.	_____ Estudia	_____ Trabaja
10.	_____ Vive en un apartamento	_____ Vive con sus padres
11.	_____ Vive en un pueblo	_____ Vive en una ciudad

Activity 4. You will hear a question followed by three answers. In your lab manual, check the letter for each appropriate answer. Each question may have more than one correct answer.

► ¿Cuál es el apellido del profesor de física?   You mark *a, b,* and *c.*
  a. Es Martínez.
  b. El apellido es Martínez.
  c. Se llama Martínez.

		a	*b*	*c*
1.	¿Cómo es tu hermano?	_____	_____	_____
2.	¿Es alto o bajo tu padre?	_____	_____	_____
3.	¿De qué color es tu teléfono?	_____	_____	_____
4.	¿De dónde son esas revistas?	_____	_____	_____
5.	¿Quién recibe el periódico de la ciudad?	_____	_____	_____
6.	¿Dónde venden buenos sándwiches?	_____	_____	_____

Dictado

Activity 5. You will hear four sentences that describe a person. In your lab manual, write the sentences as you hear them. The sentences will be read a second time so that you can fill in any words you missed the first time.

1. _____

2. _____

3. _____

4. _____

Lección 7
En Argentina

I. Comprensión

A. Despúes de leer el diálogo *¡Contigo o sin ti!* en su libro, identifique las personas, lugares o cosas de la columna A, seleccionando la definición o explicación apropiada de la columna B.

A	*B*
1. _____ Sergio Ramírez	a. tiene una cita con su amigo Sergio
2. _____ Carmen	b. grupo de cantantes españoles
	c. hermano de Carmen; tiene que estudiar para un examen
3. _____ Luna Park	d. amigo de Carmen
4. _____ Buenos Aires	e. anunciador de un concierto
	f. capital de Argentina
5. _____ numeradas económicas	g. título de la canción que canta el grupo Alas
6. _____ popu	h. prima de Carmen
	i. tipo de asiento *(seat)* numerado en un estadio
7. _____ Luis	j. estadio de Buenos Aires donde presentan conciertos populares
8. _____ locutor	k. nombre de un cantante del grupo Alas
9. _____ Alas	l. tipo de asiento no numerado en un estadio
10. _____ "Contigo o sin ti"	

II. Estudio de palabras

B. ¿Qué cosas necesitan las siguientes personas? Escoja *(Choose)* un aparato apropiado de la lista para cada situación.

altoparlante	grabadora	televisor en blanco y negro
cámara fotográfica	máquina de escribir	televisor en colores
copiadora	micrófono	vídeo
estéreo	procesadora de palabras	videodisco
filmadora		

1. una persona que abre *(opens)* una nueva oficina: _____

2. un muchacho que tiene muchos discos: _____

3. una familia que va a viajar: _____

4. una persona que va a escribir un libro: _____

5. un estudiante de idiomas que necesita practicar la pronunciación: _____

6. una señora que desea ver muchas películas: _____

7. un hombre que tiene un televisor en blanco y negro: _____

8. una joven que desea ser locutora de televisión: _____

C. Escriba los números que se mencionan en las siguientes oraciones.

1. En la librería de mi papá venden 150 libros cada día.

   1. _____

2. El cantante dice que tiene 42 años, pero para mí él tiene

   por lo menos 52 años.

   2a. _____

   2b. _____

3. Mi hermano tiene 105 dólares en el banco; yo tengo solamente

   (only) 76 dólares.

   3a. _____

   3b. _____

4. En el coro de la universidad hay 97 personas.

   4. _____

5. Hay 45 personas que desean entrar en el cine y sólo

   tenemos 38 sillas.

   5a. _____

   5b. _____

D. ¿Qué dicen estas personas? Decida qué dicen las personas de los dibujos y después escriba el número de cada comentario dentro del globo *(bubble)* apropiado.

1. ¡Qué cansada estoy! Tengo mucho sueño después de bailar toda la noche . . .
2. Señor, ya no quedan entradas para la película. ¿Por qué no vuelve para la próxima presentación?
3. Mira Alicia, el locutor va a presentar a los cantantes.
4. ¡Fenomenal! Este ballet es mi favorito.
5. ¡Señoras y señores, el espectáculo va a comenzar!
6. Tiene razón, señorita. Debo regresar más tarde *(later)*. ¡Qué mala suerte!
7. ¡Qué suerte! La empleada dice que tenemos las últimas *(last)* dos entradas . . .

III. Estructuras útiles

E. *Idioms with* **tener.** Lea cada pequeño diálogo y complete la contestación con una expresión apropiada con el verbo **tener.**

► — ¿Cierro la ventana?   — Sí, por favor, *tengo mucho frío.*

1. — ¿Por qué dices que Roberto va a ganar *(win)* la lotería?

   — Porque _____

2. — ¿Cuántos años tiene usted?

   — _____

3. — ¿Van a comer los chicos ahora?

   — Sí, _____

4. — En automóvil llegamos a la capital más rápidamente, ¿no?

   — Sí, _____

5. — ¿Por qué tomas cerveza?

   — Porque _____

6. — ¿Hasta qué hora *(time)* trabajan ustedes los jueves? ¿hasta las 12 de la noche?

   — Sí, por eso los viernes _____

7. — ¿Por qué no quiere ir tu hermanito solo en el avión?

   — Porque _____

8. — Hay 95°F. ¿Van tus primos al lago hoy?

   — Sí, _____

F. **Tener que** *and* **hay que.** Complete estas oraciones de una forma apropiada, usando **hay que** o una forma de **tener que.**

► Para hablar bien el español *hay que [practicar más todos los días.]*

1. Para tener mucho dinero _____

2. Si nosotros queremos ver esa película, _____

3. Para conseguir un buen trabajo _____

4. Si ella necesita un nuevo pasaporte, _____

5. Para estar contento _____

6. Si quieres ser delgado/a, _____

G. *Prepositional pronouns.* Complete cada uno de los pequeños diálogos, usando el pronombre preposicional apropiado en su respuesta, según el contexto.

► Su amigo: ¿Para quién es el tocadiscos, para ella o para mí?
   Usted: Es para *ti, [¿te gusta?]*
   Su amigo: Muchas gracias; eres muy generoso.

1. Su amiga: ¿De quién es la grabadora? ¿de David?

   Usted: Sí, es de _____

   Su amiga: ¿Él puede traer la grabadora mañana?

2. Su amiga: ¿Con quién vas al cine? ¿conmigo o con tu hermana?

Usted: _____

Su amiga: Bien, entonces vamos en seguida.

3. Su amiga: ¿Para quiénes son estas revistas? ¿para ellos o para ustedes?

Usted: Son para _____

Su amiga: ¿Y cuándo van a leer ustedes las revistas?

4. Su amigo: ¿A quién le gusta ese programa de televisión? ¿a ella o a ti?

Usted: _____

Su amigo: ¿Quieres tú mirar otra cosa entonces?

5. Su amiga: ¿De quién habla esa señora? ¿de nosotros o de ustedes?

Usted: _____

Su amiga: Pero, ¿por qué? Nosotros somos muy tranquilos.

6. Su amigo: ¿Te gusta esa novela que lees?

Usted: Sí, a _____

Su amigo: ¡Qué bueno! Yo también tengo que leer esa novela para la clase de inglés.

H. *Present tense of verbs with irregular* **yo**-*forms*. Interrogatorio Policíaco. Imagine que Ud. está detenido como sospechoso *(suspect)* de un crimen. Un detective le hace muchas preguntas y Ud. tiene que contestar para demostrar su inocencia.

1. Detective: ¿Cuántos años tiene Ud.?

Usted: _____

2. Detective: ¿Sale Ud. de su apartamento con alguien *(someone)* por la mañana?

Usted: _____

3. Detective: ¿Qué le dice Ud. al portero *(doorman)* de su apartamento cuando sale por las mañanas?

Usted: _____

4. Detective: ¿De dónde viene Ud. todas las tardes a las cinco?

Usted: _____

5. Detective: ¿Qué trae Ud. a su casa todas las noches?

Usted: _____

6. Detective: ¿Dónde pone Ud. sus cosas cuando llega a la casa?

Usted: _____

7. Detective: ¿Cuándo hace Ud. la comida?

Usted: _____

IV. Composición

I. What would you say in Spanish . . .

► . . . if the ticket office attendant asked you how many tickets you need?   *[Necesito dos entradas, por favor.]*

1. . . . when you want to know if there are still tickets for a movie?

_____

2. . . . if you want to go out with a particular person?

_____

3. . . . if you want to excuse yourself for not going to the party you have been invited to?

_____

4. . . . if you want to know where to put your money?

_____

5. . . . when you are asked what your favorite type of music is?

_____

J. Imagine que usted es el locutor que va a presentar a un grupo musical. Escriba una presentación de unas 50 palabras. Diga cómo se llaman el grupo y los cantantes, de dónde vienen, qué discos tienen, cuáles son sus éxitos, y otras cosas que Ud. pueda imaginar.

_____

_____

_____

_____

_____

¿Recuerda usted?

Ser *and* **estar** *in contrast*. Complete las siguientes oraciones con la forma correcta de **ser** o **estar** y un adjetivo o adverbio apropiado de la lista.

abierto	cerca	joven	ocupado
alegre	cerrado	lejos	perezoso
cansado	fácil	nervioso	tranquilo

1. Mañana tengo dos exámenes; por eso hoy _____

2. Enrique trabaja mucho y siempre _____

3. Me gusta esa música porque _____

4. Me gusta hacer esos ejercicios porque _____

5. ¡Qué horror! No tengo mis llaves *(keys)* y el coche _____

6. Tú no trabajas mucho; _____

7. Bailo la salsa porque _____

8. Nosotros no asistimos a los conciertos porque el teatro _____

Crucigrama

Complete el siguiente crucigrama.

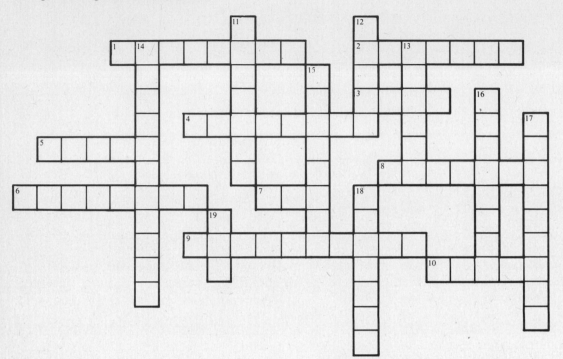

Horizontales

1. Límite entre dos países
2. Tienda que vende productos variados
3. Contrario de **barato,** adjetivo *(f.)*
4. Libro para escribir y tomar notas
5. Muchacha joven
6. Lugar donde venden libros
7. Doce meses
8. Mujer no casada
9. Lugar público para estudiar o leer
10. Contrario de **gordo,** adjetivo *(m.)*

Verticales

11. Sinónimo de **flaco,** adjetivo *(f.)*
12. Lugar donde vamos cuando necesitamos dinero
13. Persona de piel *(skin)* oscura, adjetivo *(m.)*
14. Lugar donde comemos si no deseamos comer en casa
15. Contrario de **activo,** adjetivo *(m.)*
16. Lugar donde echamos *(throw out)* papeles
17. Aparato para grabar
18. Quinto *(fifth)* día de la semana
19. Veinticuatro horas

Lección 7
Actividades de laboratorio

Comprensión

Activity 1. You will hear six statements about the dialogue. In your lab manual, mark *sí* if the statement is true; mark *no* if it is false.

	Sí	*No*			*Sí*	*No*
1.	___	___		4.	___	___
2.	___	___		5.	___	___
3.	___	___		6.	___	___

Pronunciación

Activity 2. You will hear eight word pairs. Repeat the word in each pair that has the [ñ] sound. Then, in your lab manual, indicate whether the [ñ] sound is in the *first* word or the *second* word you hear.

▶ dona–doña   You mark *second.*

	First	*Second*			*First*	*Second*
1.	___	___		5.	___	___
2.	___	___		6.	___	___
3.	___	___		7.	___	___
4.	___	___		8.	___	___

Estructuras útiles

Activity 3. Listen to the following statements. In your lab manual, mark the letter of the idiom with **tener** that is the most logical response, *a, b,* or *c.*

▶ Raúl acaba de encontrar cien dólares.

_____ a. tiene miedo   _____ b. tiene sed   ✔ c. tiene suerte

	a	*b*	*c*
1.	___ tiene éxito	___ tiene frío	___ tiene sueño
2.	___ tiene calor	___ tiene hambre	___ tiene miedo
3.	___ tiene suerte	___ tiene sed	___ tiene sueño
4.	___ tiene calor	___ tiene hambre	___ tiene éxito
5.	___ tiene sed	___ tiene razón	___ tiene 15 años
6.	___ tiene miedo	___ tiene hambre	___ tiene suerte

Activity 4. You will hear questions followed by two answers. In your lab manual, check *a* or *b* to indicate the correct answer.

► ¿Cuántos años tienes?   You mark *b*.
  a. Tengo cuatro hermanos.
  b. Tengo veinte años.

	a	*b*		*a*	*b*
1.	___	___	4.	___	___
2.	___	___	5.	___	___
3.	___	___	6.	___	___

Comprensión oral

Activity 5. You will hear a short narration twice. In your lab manual, mark only the sentences that are true according to the narration.

1. _____ El concierto es en el estadio Luna Park.

2. _____ Alberto y Susana deciden no ir al concierto porque tienen un examen de filosofía.

3. _____ Alberto y Susana van a un concierto de música popular el sábado.

4. _____ Los dos amigos no tienen entradas para el concierto de música popular.

5. _____ Hay un examen de filosofía el lunes.

6. _____ Alberto y Susana estudian mucho para el examen el viernes y el domingo.

7. _____ Alberto y Susana asisten a clases de biología.

Activity 6. You will hear a brief narration twice. You will not understand every word, but should try to understand the main ideas. In your lab manual are five *either-or* statements. Mark the statement, *a* or *b,* that best corresponds to the narration. As you listen, don't be afraid to guess the meaning of cognates.

1. _____ a. This selection is about music and theater; or

   _____ b. It is about the city of Madrid.

2. _____ a. They discuss something about a dance show; or

   _____ b. They discuss the Spanish zarzuela.

3. _____ a. In the zarzuela there are dances, music, songs, and a story; or

   _____ b. There is a story only, no music.

4. _____ a. In this selection, they mention some sort of convention; or

   _____ b. They mention a book about zarzuelas.

5. _____ a. The book was published in Madrid in July; or

   _____ b. The convention was held in Madrid in June.

Dictado

Activity 7. You will hear the first part of a sentence twice. In your lab manual, you will see two conclusions, *a* and *b*. Write the first part of the sentence beside the appropriate conclusion.

▶ Mi hermano pone   a.   *Mi hermano pone*   los libros en la mesa.

                 b. _____ la mesa en los libros.

1a. _____ porque dicen siempre la verdad.

  b. _____ porque no me gusta.

2a. _____ por esos lugares.

  b. _____ el automóvil grande.

3a. _____ a la playa este sábado?

  b. _____ es el carro de él?

4a. _____ tenemos que comprar las entradas.

  b. _____ hay que estudiar mucho.

5a. _____ deseo beber agua.

  b. _____ deseo comprar una grabadora.

Lección 8
En Uruguay

I. Comprensión

A. Después de leer el diálogo *¿Te gusta aquel velero?* en su texto, complete las siguientes afirmaciones con una de las palabras o frases entre paréntesis. Escriba una oración falsa o verdadera, según la indicación.

▶ Eduardo y Raúl viven en _____ *Punta del Este* _____ (falsa)
   (Punta del Este–Montevideo)

1. Punta del Este es _____ (verdadera)
   (un centro de turismo internacional–la capital de Uruguay)

2. Eduardo y Raúl participan en las regatas _____ (falsa)
   (como espectadores–con sus veleros)

3. Eduardo quiere _____ (falsa)
   (sacar fotos del velero rojo–ver las fotos del velero azul)

4. En el Club Marino _____ (verdadera)
   (los jóvenes pueden entrar sin pagar–las entradas son muy caras)

5. El Club Marino es _____ (verdadera)
   (un lugar magnífico para sacar fotos–muy barato)

6. Pilar y Raúl son _____ (falsa)
   (vecinos en Montevideo–hermanos de Eduardo)

7. Pilar es _____ (verdadera)
   (reportera de La Nación–amiga de Eduardo)

8. Raúl y Eduardo descan entrar con Pilar _____ (falsa)
   (para no pagar las entradas–porque son fotógrafos oficiales)

II. Estudio de palabras

B. ¿Cuál de estas cosas no está relacionada a las otras tres?

▶ (a) el avión   (b) la bicicleta   (c) la avioneta   (d) el aeroplano

1. (a) el velero   (b) la regata   (c) el vecino   (d) la vela
2. (a) el maratón   (b) almorzar   (c) correr   (d) pista y campo
3. (a) el reportero   (b) la orilla   (c) la playa   (d) el mar
4. (a) el baloncesto   (b) el partido   (c) los aficionados   (d) la artista
5. (a) el metro   (b) el vapor   (c) la barca   (d) el agua
6. (a) el periódico   (b) la piscina   (c) La Nación   (d) la reportera
7. (a) la foto   (b) el equipo   (c) el fútbol   (d) el árbitro
8. (a) la cancha   (b) el tenis   (c) jugar   (d) el camión

C. Imagine que usted está en la situación descrita. ¿Qué medio de transporte debe usar para llegar a los siguientes lugares de la manera más conveniente?

▶ Usted está en Chicago y quiere ir a Los Ángeles en seguida.
   _____taxi   ✔ avión   _____motocicleta

1. Usted está de vacaciones y quiere ir a un parque cerca de su casa.

   _____tren   _____avioneta   _____bicicleta

2. Usted está en su casa y quiere ir al centro, que está a 20 kilómetros.

_____bicicleta _____autobús _____bote

3. Usted está muy enfermo y necesita ir al médico.

_____tren _____motocicleta _____taxi

4. Usted necesita llegar a su oficina inmediatamente. Está a cinco millas.

_____metro _____bicicleta _____carro

5. Usted está de vacaciones en un lago y quiere visitar a sus amigos en otra parte del lago.

_____bote _____taxi _____camión

6. Usted visita Madrid, España y quiere regresar pronto a su casa en Provo, Utah.

_____autobús _____tren _____avión

D. ¿Qué deporte practican las siguientes personas? Dé *(Give)* el nombre de cada uno y después diga si le gusta o no, si es aficionado, si es fácil o difícil, o si sus amigos lo practican.

► *el esquí: Me gusta mucho esquiar, pero creo que es un deporte difícil.*

1. _____
_____
_____

2. _____
_____
_____

3. _____
_____
_____

4.

_____
_____
_____

5.

_____
_____
_____

6.

_____
_____
_____

III. Estructuras útiles

E. *Demonstrative adjectives.* Imagine que usted acaba de mudarse *(move)* a un nuevo apartamento. Todas sus cosas están en la sala *(living room)*. Sus amigos desean ayudarle y usted les dice si las cosas son para la sala o para el cuarto *(bedroom)*. Use la información dada para escribir cada instrucción y ¡recuerde usar el demostrativo correspondiente!

▶ silla (cerca de un amigo) / la sala   *Esa silla es para la sala.*

1. la mesa (cerca de usted) / la sala

_____

2. el escritorio (lejos de ustedes) / el cuarto

_____

3. las revistas (cerca de un amigo) / la sala

_____

4. los libros (cerca de usted) / el cuarto

_____

5. la máquina de escribir (lejos de ustedes) / el cuarto

_____

6. el televisor en colores (cerca de un amigo) / la sala

_____

7. los discos (lejos de ustedes) / la sala

_____

8. las fòtos (cerca de usted) / el cuarto

_____

F. *Direct-object pronouns.* Es la época de elecciones y los investigadores de la opinión pública hacen encuestas *(polls)*. Conteste el siguiente cuestionario, usando pronombres para expresar el objeto directo en sus respuestas'.

► ¿Prefiere usted al candidato liberal?   *Sí, lo prefiero. (No, no lo prefiero.)*

1. ¿Comprende usted la plataforma electoral del Partido Liberal?

_____

2. ¿Recuerda usted los nombres de los candidatos a senadores?

_____

3. ¿Necesita el pueblo un cambio *(change)* de gobierno?

_____

4. ¿Entienden ustedes las demandas del Partido Radical?

_____

5. ¿Aprueba usted los cambios en la plataforma del Partido Liberal?

_____

6. ¿Escucha la gente a los candidatos conservadores?

_____

G. *Direct-object pronouns.* Use la forma correcta de los pronombres de objeto directo para completar los siguientes diálogos entre amigos.

1. Miguel: Necesito esos discos para esta noche. ¿_____ puedo usar?

   José: ¡Cómo no! ¿Qué vas a hacer esta noche?

   Miguel: Voy a una fiesta en casa de Lupita.

   José: ¿Lupita? Ella nunca _____ invita a sus fiestas.

   Miguel: ¿Crees que ella ya no _____ quiere?

   José: Creo que no, pero yo siempre _____ recuerdo (a ella) . . .

2. Rosita: ¿A quiénes vas a invitar a la fiesta? ¿A todos tus amigos?

   Lupita: Sí, voy a invitar_____ a todos.

   Rosita: ¿A todos? ¿A José también?

   Lupita: Bueno, a él no _____ invito porque (él) ya no _____ quiere.

3. Carlos: Joaquín y yo necesitamos ir al centro. ¿_____ puedes llevar en tu coche?

   Alfonso: ¡Qué lástima! Mi hermano tiene el coche y _____ trae mañana. ¡_____ puedo llevar en bicicleta!

   Carlos: ¡Ja! ¡Ja! ¡Qué chistoso *(funny)*!

H. *Present tense of stem-changing verbs* **e > ie.** Conteste las siguientes preguntas libremente *(freely),* pero usando el verbo principal de la pregunta en su contestación.

► ¿En qué piensan ustedes?   *[Pensamos en las vacaciones.]*

1. ¿Entiendes el juego de béisbol?

   _____

2. ¿Qué prefiere Elena? ¿ir a la playa o a las montañas?

   _____

3. ¿A qué hora empiezan ustedes a trabajar?

   _____

4. ¿Quién cierra las puertas? ¿yo?

   _____

5. Marta, ¿enciendes la luz, por favor?

   _____

6. ¿Por qué mienten ustedes?

   _____

7. ¿Quién niega que tiene sueño a las doce de la noche? ¿usted?

   _____

8. ¿Quieres participar en el maratón?

   _____

I. *Present tense of stem-changing verbs* **o > ue** *and* **e > ie.** Diga si las personas indicadas hacen o no las siguientes actividades.

► Lucía / dormir diez horas todas las noches   *Lucía (no) duerme diez horas todas las noches.*

1. mi hermano / perder el dinero del mes

   _____

2. ellas / sugerir un lugar bueno para comer

   _____

3. tú / empezar a escribir solicitudes de trabajo *(job applications)*

   _____

4. mis padres / mostrar las fotos de Uruguay a sus amigos

   _____

5. tú y tu familia / preferir el frío al calor

   _____

6. mi mejor amiga / pensar estudiar medicina

   _____

7. ustedes / almorzar en la cafetería todos los días

   _____

8. nosotros / volver a casa para las vacaciones

   _____

IV. Composición

J. ¡Usted tiene la última palabra! Complete estas conversaciones entre usted y otra persona con una oración apropiada. Use su imaginación.

1. *En la escuela*

   Su amigo/a: ¿Adónde piensas ir estas vacaciones?

        Usted: No tengo planes, ¿y tú?

   Su amigo/a: Pienso ir a Punta del Este. ¿Quieres venir tú también?

        Usted: _____

2. *En casa*

   Su hermano/a: ¿De quién es esta revista?

        Usted: ¿Ésa? Es mi revista.

   Su hermano/a: ¿La vas a leer ahora?

        Usted: _____

3. *En la tienda de artículos deportivos*

   Vendedor: ¿Qué desea usted?

        Usted: Necesito una raqueta de tenis. ¿Cuánto cuesta ésa?

   Vendedor: Ésta cuesta $20.00. ¿La quiere ver?

        Usted: _____

K. Escriba un párrafo de aproximadamente 50 palabras sobre su deporte favorito. Diga si usted lo practica o si prefiere ser espectador/a. ¿Quién es su jugador/a o deportista favorito/a? ¿De dónde es esta persona? ¿Por qué lo/a admira Ud.?

_____

_____

_____

_____

_____

¿Recuerda usted?

Personal **a.** Conteste las siguientes preguntas usando las palabras entre paréntesis en la respuesta. Decida si la contestación necesita la preposición **a**.

► ¿Qué cierras? (la entrada)   *Cierro la entrada.*

1. ¿A quién oyes? (el reportero)   _____

2. ¿Qué buscan ustedes? (el bolígrafo)   _____

3. ¿Qué necesitan ellos? (el dinero)   _____

4. ¿A quién buscas? (ustedes)   _____

5. ¿Qué escuchas? (música clásica)   _____

6. ¿A quién conocen ustedes? (el presidente)   _____

7. ¿A quién saludas? (Rosita)   _____

8. ¿Qué traes a la fiesta? (sándwiches)   _____

Leccion 9
En Chile

I. Comprensión

A. Después de leer *Una investigación sociológica* en su texto, dé la siguiente información sobre la lectura.

► Área de especialización de Patricia Torres: *sociología*

1. Objeto de la investigación sociológica:

   _____ _____

2. Responsabilidades de los estudiantes:

   _____

3. Información que revelan las preguntas del cuestionario:

   _____

4. Tres cosas que no tienen algunas personas, según el cuestionario:

   _____

5. Tres cosas que todas las familias tienen:

   _____

6. Tipo de trabajo que hacen algunas madres:

   _____

7. Por ciento de mujeres con profesiones:

   _____

8. Tipo de ayuda que piden los entrevistados:

   _____

© 1988 Houghton Mifflin Company

II. Estudio de palabras

B. ¿Qué comprar…? Identifique los aparatos que están enumerados en los siguientes dibujos de una **cocina** *(kitchen)* y una **sala de estar** *(den)*.

1. _____ *el teléfono* _____
2. _____
3. _____
4. _____
5. _____
6. _____

7. _____
8. _____
9. _____
10. _____
11. _____
12. _____

C. José Rodríguez Santos investiga el árbol *(tree)* genealógico de su familia. Explique las relaciones familiares indicadas con ayuda del árbol.

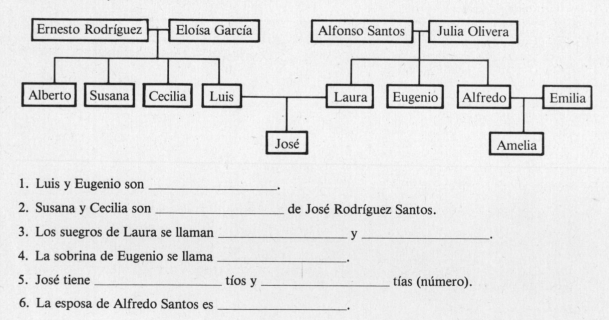

1. Luis y Eugenio son _____.

2. Susana y Cecilia son _____ de José Rodríguez Santos.

3. Los suegros de Laura se llaman _____ y _____.

4. La sobrina de Eugenio se llama _____.

5. José tiene _____ tíos y _____ tías (número).

6. La esposa de Alfredo Santos es _____.

7. Ernesto Rodríguez es el _____ de José, y Alfonso Santos es el abuelo de

_____ y de _____.

8. Amelia es la _____ de Laura y Eugenio, y José es el _____ de Alberto,

Susana, Cecilia, Eugenio y Alfredo.

D. Usted trabaja en una oficina de cambio donde tiene que hacer muchas transacciones de dinero. Escriba las cantidades que las personas le piden.

▶ 378 pesetas: *trescientas setenta y ocho pesetas*

1. 31.387 francos: _____

2. 639.479 soles: _____

3. 1.662 pesos mexicanos: _____

4. 220.555 libras esterlinas: _____

5. 5.000.000 de pesos argentinos: _____

6. 471 dólares canadienses: _____

7. 95.534 sucres: _____

8. 748 francos suizos: _____

III. Estructuras útiles

E. *Affirmative and negative counterparts.* Por llevar la contraria... Usted habla con un amigo/a, pero usted piensa que lo que él/ella dice no es verdad. Exprese lo contrario de lo que dice su amigo/a.

▶ —Todos comprenden lo que digo.   —No, *nadie comprende lo que dices.*

1. —En estas clases nunca aprendemos nada.

—No es verdad, _____

2. —Yo siempre voy a los partidos de baloncesto de la universidad.

—No, tú _____

3. —Ya no queda ninguna entrada para ese concierto.

—¡Qué va! _____

4. —Yo creo que no van a conseguir a nadie para participar en el maratón.

—No digas eso, _____

5. —La secadora de ropa del dormitorio tiene algo malo.

—No es verdad, _____

F. *Present tense of stem-changing verbs* **e > i.** Complete cada oración con la forma correcta de un verbo apropiado de la lista.

conseguir	repetir	pedir	servir
despedir	seguir	reír	elegir

1. ¿Dónde _____ ustedes esos libros? ¿en la librería del centro?

2. ¿Por qué _____ los empleados a Raúl? ¿Es su último *(last)* día aquí?

3. ¿A qué hora _____ (tú) la comida? ¿a las siete?

4. Los estudiantes _____ los verbos después del profesor.

5. Nosotros _____ los resultados del cuestionario al entrevistador para estudiarlos.

6. Rodolfo _____ estudios técnicos en el Instituto. Está muy contento allí.

7. ¿Qué haces? ¿_____ un teléfono rosado para el dormitorio?

G. *Present tense of* **conocer, saber, dar,** *and* **traducir.** Pepe escribe una carta a su familia y les cuenta sobre su trabajo de traductor *(translator).* Complete los siguientes párrafos de la carta con las formas apropiadas de **conocer, dar, saber,** y **traducir.**

. . . Ahora (yo) _____ al español las cartas que me _____ el señor Miller.

Él no _____ mucho español, pero _____ a todos los comerciantes

(business persons) hispanoamericanos que escriben a la compañía.

Miller dice que me va a _____ un aumento de sueldo *(salary increase),* porque (yo)

_____, presentar el trabajo muy bien y (yo) _____ las cartas a tiempo

(on time) y correctamente . . .

H. **Saber** *and* **conocer** *in contrast.* Mencione cinco cosas de la lista que usted (no) **sabe** y cinco que usted (no) **conoce.**

las respuestas al cuestionario   bailar salsa
el nombre de un cantante famoso   al presidente de México
esa novela de Galdós   hablar inglés bien
la ciudad de Madrid   bailar ballet
dónde vive el/la profesor/a   a Patricia Torres
a alguien (nadie) en el gobierno   un lugar bonito en las montañas

► *Yo (no) sé las respuestas al cuestionario.*

1. _____

2. _____

3. _____

4. _____

5. _____

► *Yo (no) conozco esa novela de Galdós.*

1. _____

2. _____

3. _____

4. _____

5. _____

IV. Composición

I. Escriba una descripción de unas 50 palabras sobre sus parientes más cercanos *(close).* Sugerencias: diga quiénes son los miembros de su familia; dónde viven; si están casados o solteros; qué relaciones tiene usted con sus tíos y primos; quién es su pariente favorito y por qué.

_____

_____

_____

_____

J. Imagine que Ud. tiene que escribir un discurso *(speech)* de unas 75 palabras para un político que va a leerlo en su ciudad. Las siguientes frases útiles pueden ayudarlo.

pedir al pueblo de … el voto   conocer las necesidades de la ciudad

conseguir buenas escuelas para la ciudad   saber gobernar por tener experiencia

elegir al mejor candidato   decir siempre la verdad *(truth)*

seguir las tradiciones democráticas   conocer a los políticos de Washington

   Queridos compatriotas, _____

_____

_____

_____

_____

_____

¿Recuerda usted?

¿Ir *o* **venir?** Complete los siguientes mini-diálogos con las formas apropiadas de los verbos **ir** o **venir.**

► Carlos: ¿Adónde *va* tu hermana Andrea esta noche?
    Luisa: (Ella) *va* al teatro con su amigo Roberto.

1. Alberto: ¿_____ a la reunión del club esta tarde?

    David: No puedo, Alberto. _____ a la biblioteca a estudiar.

2. Empleado: ¿Por qué _____ usted a este mercado todos los sábados?

    Usted: (Yo) _____ aquí porque los productos son muy buenos.

3. Susana: Vicente siempre _____ muy triste a esta oficina, ¿no?

    Miguel: Sí, es que no le gusta _____ a trabajar aquí.

4. Ricardo: ¿Adónde _____ (nosotros) hoy después del juego?

    Tina: ¿Por qué no _____ a comer al "Nuevo Horizonte"? Me gusta mucho ese restaurante.

Direct-object pronouns. Conteste las siguientes preguntas afirmativa o negativamente, y use un pronombre de objeto directo en su respuesta.

► ¿Me quieres?   *Sí, te quiero mucho. (No, no te quiero.)*

1. ¿Vas a llevar a los chicos al zoológico? _____

2. ¿Conocen ustedes a mi sobrino? _____

3. ¿Pide usted la información? _____

4. ¿Te escucha el periodista? _____

5. ¿Los entrevista a ustedes el director? _____

6. ¿Me vas a invitar a tu fiesta? _____

7. ¿Necesitan ustedes esas preguntas? _____

8. ¿Tomas café? _____

Lección 10
En Bolivia

I. Comprensión

A. Las siguientes oraciones forman un resumen *(summary)* del artículo *Una huelga inminente.* Para dar un orden lógico al resumen, primero reorganice cada oración. Después asígnele un número del 1 al 6 para indicar la secuencia correcta de los eventos.

1. no accede / una huelga / a sus demandas / si el gobierno / van a declarar / los obreros

_____No._____

2. celebraron / un representante del gobierno / una reunión / en Potosí / y / del sindicato de mineros / los líderes

_____No._____

3. otra reunión / los líderes / piden / para la semana próxima / de los mineros

_____No._____

4. piden / mejores medidas / menos horas / de sueldo / y / de seguridad / un aumento / los mineros / de trabajo

_____No._____

5. al gobierno / presentaron / los líderes / una lista de peticiones / sindicales

_____No._____

6. unas posibles reformas / menciona / el representante / no las aceptan / pero / del gobierno / los obreros

_____No._____

II. Estudio de palabras

B. Escoja las palabras apropiadas para completar los siguientes párrafos.

1. _____ de una fábrica de automóviles de Detroit _____ su

frustración por _____ de interés de la compañía en _____

las peticiones que ellos presentaron _____ el mes de enero. Los obreros

declararon que los conflictos deben resolverse con _____, no con huelgas.

(declararon, durante, evitar, negociaciones, firmas, la falta, los trabajadores, el objeto, discutir)

2. _____ del sindicato de trabajadores de textiles van a tener

_____ esta tarde. Allí van a discutir _____ de los obreros:

más tiempo de vacaciones, la adopción de medidas _____ de accidentes y un

aumento de _____.

(una reunión, preventivas, precio, los líderes, una situación, las demandas, sueldo, principales, los recursos)

C. ¿Qué dice usted cuando . . .

1. _____ . . . no quiere comer más?

2. _____ . . . quiere evitar un problema?

3. _____ . . . no tiene mucho tiempo para hacer algo?

4. _____ . . . en su trabajo no le pagan bien?

5. _____ . . . los estudiantes no quieren ir a clase?

6. _____ . . . no quiere hacer algo ahora mismo?

a. No tengo suficiente tiempo. Necesito una hora más.
b. Necesito un aumento de sueldo.
c. ¿Hay huelga de estudiantes?
d. Estoy satisfecho/a, no quiero más.
e. Voy a hacerlo para fines de mes.
f. ¡Qué duro!
g. Debemos arreglar este asunto y no discutir más.

D. ¿Qué hora es? Diga la hora que indica cada reloj, usando una oración completa.

1:15 P.M.

► *Es la una y cuarto de la tarde.*

6:50 A.M.

4. _____

8:47 P.M.

1. _____

11:30 P.M.

5. _____

2:25 A.M.

2. _____

3:00 P.M.

6. _____

4:38 A.M.

3. _____

9:12 A.M.

7. _____

E. Complete las siguientes oraciones con una expresión de tiempo apropiada, según el sentido.

► Son las 12:55. Tengo una reunión en una hora; es decir *a eso de las dos* .

1. Son las cuatro menos cinco y la conferencia empieza a las cuatro. Sólo tengo cinco minutos para llegar

_____ .

2. Hoy es el 31 de diciembre de 1989 y son las 11:56 de la noche. En cuatro _____

vamos a entrar en 1990.

3. El profesor de sociología es muy puntual. Nuestra clase siempre comienza a las diez

_____ .

4. Son las ocho y cuarto, pero mi reloj indica las ocho y diez; está _____ .

5. Son las diez y media y la clase ya va a empezar; Patricio va a llegar _____ .

F. Imagine que hoy es el martes 28 de marzo de 1989, y son las 2:35 P.M. ¿Qué expresiones de tiempo en el pasado indican los siguientes días y horas?

▶ 27 de marzo de 1989; 10:40 P.M.: _____ *anoche* _____

1. 26 de febrero de 1989: _____

2. 27 de marzo de 1989: _____

3. 21 de marzo de 1989: _____

4. martes 21 de marzo de 1989: _____

5. 27 de marzo de 1989; 9:10 A.M.: _____

6. 12 de enero de 1988: _____

7. 26 de marzo de 1989: _____

III. Estructuras útiles

G. *The preterit.* La policía investiga un crimen. Diga la información que usted sabe usando el pretérito.

▶ yo / regresar a mi apartamento temprano por la tarde   *Yo regresé a mi apartamento temprano por la tarde.*

1. mis amigos / volver a las doce de la noche

    _____ volvieron _____

2. un hombre misterioso / llegar al apartamento de la víctima a las tres

    _____ llegó _____

3. la señora del tercer piso / recibir al hombre misterioso

    _____ recibió _____

4. yo / oír a alguien entrar un poco después

    _____

5. mi vecino el Sr. Méndez / hablar con nosotros

    _____

6. nosotros / cerrar bien las puertas y ventanas

    _____

7. la señora Vargas y su esposo / decidir llamar a la policía

    _____

8. los agentes de la policía / aparecer en nuestro apartamento a eso de las cuatro

    _____ aparecieron _____

H. *The preterit.* Cambie las siguientes narraciones del presente al pasado. Ponga atención especial a los verbos y a las expresiones de tiempo.

1. Hoy salgo de casa a las ocho de la mañana. Tomo el autobús y llego a mi oficina a las ocho y media. Entro en mi oficina y llamo al secretario. Él entra con papel y lápiz en la mano. Escribe todas las órdenes y vuelve a su escritorio.

   Ayer salí d

   Ayer, Tomé y llegué

   Ayer, Entré en mi oficina y llamé al secretario

2. Esta noche miramos televisión con los García. Los invitamos y vemos el programa musical "Canciones de ayer y de hoy". Bebemos vino y oímos los comentarios no muy interesantes del anunciador.

   Anoche

   Bebimos

I. **Para** *and* **por** *in contrast.* Lea la carta de Hortensia a su amiga Lucía. Después complete la carta usando **para** o **por,** según el contexto.

Querida Lucía:

   El sábado salgo (1) _para_ tu pueblo. Pienso viajar (2) _por_ avión; ¿puedes ir al aeropuerto a esperarme? Voy (3) _por_ pasar una semana contigo. Así, acepto tu invitación.

   Llevo algunos discos nuevos (4) _para_ ti y creo que te van a gustar. Son canciones (5) _por_ el grupo "Los Huasos". (6) _Para_ ser chilenos cantan muy bien en inglés; son muy famosos (7) _por_ su ritmo tan alegre.

   Ahora tengo que llamar a mi mamá (8) _por_ teléfono y preparar las últimas cosas (9) _para_ el viaje. Muchas gracias (10) _por_ la invitación. ¡Te veo el sábado!

                                         Chao,
                                         Hortensia

J. *Adjectives with shortened forms.* Complete las siguientes oraciones con la forma correcta del adjetivo entre paréntesis.

▶ Esa idea es muy *buena* . (buen-bueno-buena)

1. Mi hermano está en el _____ grado de la escuela.   (primer-primero-primera)

2. _____ veces creo que ese señor es muy antipático.   (Algún-Alguno-Alguna-Algunos-Algunas)

3. No tengo _____ amiga en ese club.   (ningún-ninguno-ninguna)

4. Podemos leer un libro _____.   (cualquier-cualquiera)

5. Tenemos _____ respeto por las personas que trabajan.   (gran-grande-grandes)

6. Analizamos la _____ pregunta del cuestionario.   (tercer-tercero-tercera-terceros-terceras)

7. ¿Crees que _____ persona puede entrar allí?   (cualquier-cualquiera)

8. Compré _____ entradas para el teatro.   (buen-bueno-buena-buenos-buenas)

9. No habló _____ delegado oficial.   (ningún-ninguno-ninguna)

10. Miguel es un _____ estudiante.   (mal-malo-mala-malos-malas)

IV. Composición

K. Escriba una noticia para un periódico local. Hable de una huelga imaginaria de los conductores *(drivers)* de autobuses públicos en su pueblo o ciudad. Dé la siguiente información en unas 75 palabras:
   —reunión de los líderes con los directores de la compañía
   —cambios o mejoras que ellos exigieron en la reunión
   —efectos que tiene la huelga en la comunidad

_____

_____

_____

_____

_____

L. Prepare un anuncio *(ad)* breve, de 25 a 40 palabras, para dar a conocer un nuevo producto para la casa. Invente el nombre del producto y su uso.

_____

_____

_____

_____

¿Recuerda usted?

Ser *and* **estar** *in contrast*. Conteste las siguientes preguntas usando la forma correcta de **ser** o **estar** y un adjetivo apropiado de la lista.

cansado	religioso	enfermo
triste	viejo	colombiano
ocupado	frío	antipático
americano	tacaño	caliente

► ¿Por qué esa señora no quiere pagar la cuenta?   *Porque es muy tacaña.*

1. ¿Por qué van a la Iglesia de San Pedro esos chicos?

   _____

2. ¿Por qué no necesitas pasaporte aquí?

   _____

3. ¿Por qué vas al médico?

   _____

4. ¿Por qué no quieres salir con Ernesto?

   _____

5. ¿Por qué ese señor no camina rápidamente?

   _____

6. ¿Por qué no vienes con nosotros a la fiesta?

   _____

7. ¿Por qué no toman ese café?

   _____

8. ¿Por qué no quieres ir al cine esta noche?

   _____

Lección 10
Actividades de laboratorio

Pronunciación

Actividad 1. Usted va a oír seis grupos de tres palabras. En su cuaderno, indique cuáles de las tres palabras son iguales. Si todas son diferentes, marque *0*.

▶ taco–cota–taco   Usted marca *1* y *3*.

1. 0–1–2–3   4. 0–1–2–3

2. 0–1–2–3   5. 0–1–2–3

3. 0–1–2–3   6. 0–1–2–3

Estudio de palabras

Actividad 2. Usted va a oír una hora dos veces. En su cuaderno, escriba el número de la oración (1, 2, 3, etc.) en el reloj apropiado.

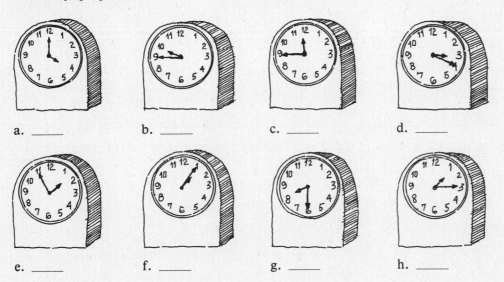

a. _____   b. _____   c. _____   d. _____

e. _____   f. _____   g. _____   h. _____

Estructuras útiles

Actividad 3. Usted va a oír dos oraciones, una en el presente y la otra en el pretérito. En su cuaderno, indique cuál está en el pretérito, *a* o *b*.

▶ a. Miro la televisión.   Usted marca *b*.
　 b. Miré la televisión.

	a	*b*			*a*	*b*
1.	_____	_____		5.	_____	_____
2.	_____	_____		6.	_____	_____
3.	_____	_____		7.	_____	_____
4.	_____	_____		8.	_____	_____

Actividad 4. Usted va a oír una pregunta dos veces. En su cuaderno, indique cuál de las dos respuestas es más apropiada, *a* o *b*.

▶ ¿Trabajas ahora?   _____ a. Sí, por tren.   ✔ b. Sí, para pagar mis estudios.

    a   *b*

1. _____ Por el trabajo.   _____ Para el trabajo.

2. _____ Paso por ti a las ocho.   _____ Lo tengo para ti a las ocho.

3. _____ ¿Para Caracas? No sé.   _____ Por Caracas no va.

4. _____ Lo quiero por dos horas.   _____ Lo quiero para las diez.

5. _____ Por la noche.   _____ Para la noche.

Comprensión oral

Actividad 5. Usted va a oír cinco preguntas. Por cada pregunta, va a oír tres respuestas dos veces. En su cuaderno, indique las respuestas correctas. Cada pregunta puede tener una, dos o tres respuestas correctas.

▶ ¿Cuándo vio usted esa película?   Usted marca *b*.
   a. La vi en un gran cine.
   b. La vi por la noche.
   c. La vi para aprender más.

	a	*b*	*c*
1. ¿Qué recibieron ustedes anteayer?	_____	_____	_____
2. ¿Quién nos saludó?	_____	_____	_____
3. ¿Quién habló mejor? ¿Luisa o Alberto?	_____	_____	_____
4. ¿Cuántos mineros asistieron a la reunión?	_____	_____	_____
5. ¿A qué hora practicaron ustedes?	_____	_____	_____

Actividad 6. Usted va a oír una noticia en la radio dos veces. Usted no va a entender todas las palabras, pero puede comprender los detalles más importantes. Después pare la cinta *(stop the tape)*. En su cuaderno, marque las oraciones correctas, *a* o *b*.

1. _____ a. La noticia habla de fábricas de electricidad movidas por energía nuclear.

   _____ b. La noticia habla del problema de la proliferación de armas nucleares.

2. _____ a. La noticia habla de una reunión de expertos nucleares en un lugar de Europa.

   _____ b. La noticia habla de una reunión de expertos nucleares que se celebró en Washington.

3. _____ a. En la reunión los expertos decidieron ayudar al Tercer Mundo a desarrollar plantas de energía nuclear.

   _____ b. En la reunión los expertos estudiaron posibles medidas para evitar la proliferación de armas nucleares.

4. _____ a. Los estudios indican que para el año 2000 va a haber 21 países más con armas nucleares.

   _____ b. Según los americanos, hay 21 países con armas nucleares.

5. _____ a. En general, hay una gran preocupación por la proliferación de armas nucleares.

   _____ b. En general, hay un gran optimismo por el uso pacífico de la energía nuclear.

Dictado

Actividad 7. Usted va a oír un telegrama dos veces. En su cuaderno, escriba lo que oye. Después, pare la cinta y escriba el telegrama en oraciones completas no "telegráficas".

Dictado

1. _____

2. _____

3. _____

Oraciones completas

1. _____

2. _____

3. _____

Lección 11
En Ecuador

I. Comprensión

A. Después de leer *Un viaje de negocios* en su texto, dé la siguiente información sobre el diálogo.

1. Capital de Ecuador: _____

2. Centro de la economía ecuatoriana: _____

3. Coordinadora de la Sección de Investigaciones de la compañía: _____

4. Lugar adonde hay que llevar los planes para la investigación: _____

5. Razón por la que el jefe no puede ir a la capital:_____
   _____

6. Tiempo que debe pasar Consuelo en la capital: _____

7. Problemas que puede encontrar Consuelo en el Ministerio:_____
   _____

8. Nombre del jefe de la Sección Comercial del Ministerio: _____

9. Relación que tiene esta persona con el Sr. Martínez: _____

10. Fecha en que Consuelo piensa volver de la capital: _____

II. Estudio de palabras

B. Complete los siguientes párrafos con las palabras o expresiones apropiadas de la lista.

permanecer	el jefe	el puesto	un asunto
palanca	a propósito	una carpeta	a causa de
el papeleo	cancelar	documento	lo más pronto posible

1. _____ de la compañía de importaciones donde trabajo me mandó a las oficinas

   de aduana *(customs)* para resolver _____ urgente relacionado con los productos

   que recibe nuestra compañía. Llevé conmigo _____ con todos los documentos

   importantes.

2. _____ en esas oficinas es horrible. Hay que llevar cinco copias de cada *(each)*

   _____, y cada uno necesita una carta de presentación. ¡Hay que tener

   _____ para conseguir las firmas necesarias en cada documento!

3. Tengo que _____ aquí un mínimo de seis horas para resolver el problema. ¡Y mi

   jefe me dijo que necesita los documentos _____! ¿Qué hacer? Voy a tener que

   _____ mi reservación en el vuelo de las dos, y llamar al jefe para decirle que no

   voy a poder regresar _____ la burocracia.

C. Fechas importantes . . . Escriba en español las siguientes fechas históricas.

► Declaración de Independencia de los Estados Unidos (4-VII-1776): *4 de julio de 1776*

1. Thomas A. Edison ilumina parte de la ciudad de Nueva York (4-IX-1882): _____

2. Independencia de México (16-IX-1810): _____

3. Cristóbal Colón descubre la América (12-X-1492): _____

4. El General Sucre libera a Ecuador en la batalla de Pichincha (24-V-1822): _____

_____

5. Cornwallis se rinde *(surrenders)* en Yorktown (19-X-1781): _____

6. Nace José Martí, poeta y revolucionario cubano (28-I-1853): _____

7. Fundación de Bogotá (6-VIII-1538): _____

8. Muere el General Franco (20-XI-1975): _____

D. ¿Qué tiempo hace? Diga qué tiempo hace en las siguientes ciudades, según la información indicada. Más de una descripción puede ser apropiada.

Ciudad	Temperatura	Precipitación	Nubes	
► México, D.F.	75°F	No	No	*Hace buen tiempo.*
1. Buenos Aires	62°F	No	No	_____
2. Caracas	80°F	Algunas lluvias	Parcialmente	_____
3. Ávila (España)	29°F	Nieve	Neblina	_____
4. La Habana	77°F	Lluvias	Nublado	_____
5. San Juan (P.R.)	83°F	No	No	_____

III. Estructuras útiles

E. *Preterit of irregular verbs.* En el lugar donde usted trabaja los empleados hablan de las cosas que pasan en la oficina mientras toman café. Forme oraciones en el pretérito usando la información indicada.

► yo / ir de vacaciones la semana pasada   *Yo fui de vacaciones la semana pasada.*

1. usted / tener una conversación con la coordinadora ayer

_____

2. los empleados del departamento de contabilidad / poder terminar el trabajo de enero

_____

3. tú / andar una hora con la nueva secretaria por el parque

_____

4. las secretarias / saber el nombre del visitante aquel mismo día

_____

5. yo / hacer mi trabajo como siempre

_____

6. nosotros / querer hablar con el jefe pero no poder

_____

F. *Preterit of irregular verbs.* Un amigo quiere saber si usted u otros amigos van a hacer algo mañana. Explique que ya lo hicieron y diga cuándo.

► ¿Vas a traducir ese artículo mañana?   *No, ya lo traduje [anoche].*

1. ¿Cuándo van ustedes a traer las fotos? ¿mañana?

_____

2. ¿Jorge va a estar con su familia mañana?

_____

3. ¿Tú vas a darme las copias de los problemas?

_____

4. ¿Nosotros vamos a tener una reunión del club mañana?

_____

5. ¿Tus parientes van a venir mañana?

_____

6. ¿Cuándo vas a poner esa carta en la procesadora de palabras? ¿manaña?

_____

G. *Indirect-object pronouns.* Imagine que usted está de vacaciones con su familia y pierden sus cheques de viajero *(travelers' checks).* Usted va a un banco para pedir ayuda. En el banco le hacen algunas preguntas y usted las contesta en una oración completa, usando pronombres de objeto indirecto en sus respuestas.

► ¿Dónde le vendieron los cheques?   *Me vendieron los cheques en [Cleveland].*

1. ¿A qué banco le compró usted los cheques?

_____

2. ¿Les dieron a ustedes un papel para poner los números de los cheques?

_____

3. ¿Nos puede mandar usted los números desde el hotel?

_____

4. ¿Dónde les dieron a ustedes la dirección de este banco?

_____

5. ¿Pueden ustedes mostrarnos sus pasaportes?

_____

6. ¿Le informó Ud. sobre el incidente a la policía?

_____

H. *Indirect-object pronouns.* Hoy usted está de mal humor y contesta las preguntas que le hacen negativamente.

► ¿Vas a darme los discos?   *No, no voy a darte los discos. (No, no te voy a dar los discos.)*

1. ¿Tu novia quiere hablarte?

_____

2. ¿Le quieres dar estos cassettes a Luis?

_____

3. ¿Le hiciste las reservaciones a tu familia?

_____

4. ¿Te dieron el puesto que pediste?

_____

5. ¿Me muestras el telegrama que recibiste?

_____

6. ¿Nos vas a dar las fotos de la fiesta?

_____

I. **Hace...que** *in time expressions.* Cuando usted solicita un préstamo *(apply for a loan)* le hacen muchas preguntas sobre el tiempo que usted lleva en un trabajo o lugar. Conteste las siguientes preguntas imaginativamente, usando **hace...que** o **desde hace** en su respuesta.

► ¿Cuánto tiempo hace que usted vive en esta casa?   *Hace [cuatro años] que vivo en esta casa. (Vivo en esta casa desde hace [cuatro años].)*

1. ¿Cuánto tiempo hace que usted estudia en la universidad?

_____

2. ¿Desde cuándo viven sus padres en ese pueblo?

_____

3. ¿Cuánto tiempo hace que compraron esa casa?

_____

4. ¿Cuánto tiempo hace que su padre trabaja en esa compañía?

_____

5. ¿Desde cuándo trabaja usted en ese lugar?

_____

6. ¿Cuánto tiempo hace que usted vive en este estado?

_____

IV. Composición

J. Escriba una o dos oraciones para describir una atracción turística de la región donde usted vive para cada estación del año.

▶ *[Turistas de todas partes del mundo van a Colorado para practicar los deportes invernales.]*

1. _____

_____

2. _____

_____

3. _____

_____

4. _____

_____

K. Imagine que usted está en una isla desierta y que puede mandar un mensaje dentro de una botella *(inside a bottle)*. Escriba el mensaje en menos de 40 palabras, y dé información sobre el lugar, el tiempo que hace que usted está allí, el clima de la isla, etc.

_____

_____

_____

_____

¿Recuerda usted?

Direct-object pronouns. Complete las siguientes oraciones con un pronombre de objeto directo apropiado.

▶ Quiero comprar una grabadora como ésa, pero no *la* conseguí en esta tienda.

1. El jefe _____ ayuda cuando tenemos problemas con el papeleo.

2. Llamo a las chicas porque _____ quiero llevar al cine.

3. Cuando ustedes _____ necesitan a mí siempre _____ consiguen, ¿no?

4. ¿Por qué no llamas a la Sra. Domínguez? Tú siempre _____ saludas cuando _____ ves.

5. En enero tengo vacaciones y _____ voy a pasar en Punta del Este.

6. Los muchachos están aquí, pero no _____ oigo.

7. ¿Dónde estás? No _____ veo.

8. Yo sé quién es él, pero no _____ recomiendo para profesor porque no _____ conozco bien.

Expressions with **tener.** Complete las oraciones con una de las siguientes expresiones con **tener: tener ... años, calor, éxito, frío, hambre, miedo, razón, sed, sueño** o **suerte.**

► Teresita, ven conmigo a mi casa. Hace una hora que hablamos en la calle y *tengo frío* .

1. Por favor, tráiganos la comida. No comemos desde ayer y _____.

2. Anoche dormiste solamente tres horas. Me imagino que _____.

3. Julia ganó un millón de dólares en la lotería: _____.

4. ¿Puede darme más agua, por favor? _____.

5. Mi abuelo es sumamente viejo; _____.

6. A mis primos no les gusta viajar en avión; _____ .

7. El producto que vendemos es muy bueno. Todos los representantes de la compañía dicen que

_____.

8. ¡Uf! Voy a dejar de correr *(stop running)* porque _____.

Lección 11
Actividades de laboratorio

Comprensión

Actividad 1. Usted va a oír seis oraciones sobre el diálogo. En su cuaderno, marque *sí* si la oración es correcta y *no* si es incorrecta, según el diálogo.

	Sí	*No*		*Sí*	*No*
1.	_____	_____	4.	_____	_____
2.	_____	_____	5.	_____	_____
3.	_____	_____	6.	_____	_____

Estructuras útiles

Actividad 2. Usted va a oír una pregunta dos veces. En su cuaderno, seleccione la respuesta más apropiada, *a* o *b*. Use el pronombre de objeto indirecto.

► ¿Qué me dijiste?   ✔ a. No te dije nada.   _____ b. No me dijiste nada.

1. _____ a. Les gusta el helado.

   _____ b. Nos gusta el helado.

2. _____ a. Sí, te di la invitación a ti.

   _____ b. Sí, me diste la invitación a mí.

3. _____ a. Nos parece un poco nostálgico.

   _____ b. Les parece un poco nostálgico.

4. _____ a. Sí, tengo que llevarte esos papeles.

   _____ b. Sí, tengo que llevarle esos papeles.

5. _____ a. Sí, le mandé una carta.

   _____ b. Sí, me mandó una carta.

6. _____ a. Te van a escribir en seguida.

   _____ b. Me van a escribir en seguida.

7. _____ a. Nos trajeron la guitarra ayer.

   _____ b. Os trajeron la guitarra ayer.

Comprensión oral

Actividad 3. Usted va a oír parte de una carta dos veces. Después pare la cinta. En su cuaderno, marque las oraciones que dan la información correcta sobre la carta.

1. _____ Es una carta de una madre a su hijo.

2. _____ Hace dos días que Miguel no le escribe a su mamá.

3. _____ El hijo no le escribe a su madre hace tres semanas.

4. _____ El hijo está muy ocupado.

5. _____ Parece que Miguel es muy perezoso.

6. _____ El joven tuvo tres horas de examen.

7. _____ El joven tuvo tres exámenes ayer.

8. _____ Por la noche Miguel fue a una fiesta.

Actividad 4. Usted va a oír una oración incompleta dos veces. Durante la pausa, marque la mejor conclusión, *a* o *b,* en su cuaderno.

► Bernardo fue a mi casa porque . . .   __✔__ a. le dije que su novia preguntó por él.

                                               _____ b. estuvo en mi casa ayer.

1. _____ a. anduve por el ministerio.　　　　4. _____ a. no pudiste coger el autobús de las cuatro.

    _____ b. vino a buscar el cheque.　　　　　　　 _____ b. hubo mucho sol.

2. _____ a. tuvieron un día estupendo.　　　 5. _____ a. quise estar allí.

    _____ b. no pudieron hablar con el director.　　 _____ b. no hubo reunión en el sindicato.

3. _____ a. no sé dónde los puse.　　　　　 6. _____ a. no hizo todo el papeleo necesario.

    _____ b. los puse aquí.　　　　　　　　　　 _____ b. tuvo mucha palanca.

Dictado

Actividad 5. Usted va a oír un pronóstico del tiempo dos veces. Complételo en su cuaderno con las palabras apropiadas.

Pronóstico _____ para hoy jueves, _____ de mil

_____ .

Cielos parcialmente _____ . _____ por la _____ en

_____ . Posibilidades de _____ o _____ en el norte. En

la costa hay avisos _____ para embarcaciones pequeñas.

En la _____ cayeron lluvias torrenciales en

_____ . _____ varios caminos inundados e intransitables.

Lección 12
En Perú

I. Comprensión

A. La siguiente narración está basada en el diálogo *Excursión a Machu Picchu* en su libro de texto. Complete la narración con palabras apropiadas del diálogo.

1. Alberto Falla es de _____, pero ahora está de visita en Perú, en casa de su amigo Tomás. Tomás le habla de _____, y le dice que no debe irse sin ver esas _____ tan extraordinarias.

2. Machu Picchu es un lugar impresionante, muy _____ a otras ruinas de la América Central. _____, un explorador norteamericano, descubrió la ciudad en 1911.

3. Los _____ construyeron Machu Picchu en un terreno lleno de _____ y montañas. La ciudad está a una _____ de dos mil metros, y es difícil pensar cómo llevaron hasta allí las _____ para las construcciones.

4. Hoy en día Machu Picchu es un _____ nacional. Para llegar allí es necesario ir en avión hasta _____, y luego en _____ hasta las ruinas. Es bueno consultar con un _____ para hacer reservaciones y hablar sobre _____ y vuelos.

II. Estudio de palabras

B. En el periódico de ayer apareció el siguiente anuncio. Los Almacenes González tienen una gran venta liquidación *(clearance sale)* de toda su ropa de invierno.

Diga los precios de los siguientes artículos de ropa que aparecen en el anuncio.

1. camisa: _____   5. abrigo de hombre: _____   9. vestido: _____

2. blusa: _____   6. suéter de mujer: _____   10. guantes: _____

3. bufanda: _____   7. pantalones de hombre: _____   11. sombrero: _____

4. falda: _____   8. zapatos de hombre: _____   12. botas de mujer: _____

C. Usted llega a Madrid de vacaciones, y descubre en el aeropuerto que su equipaje con algunos de sus documentos no llegó a Madrid ... Usted va a la oficina de información para pedir ayuda, y allí le hacen las siguientes preguntas. Contéstelas en oraciones completas.

1. ¿Tiene usted su pasaporte?

_____

2. ¿A qué hora salió el avión de Nueva York?

_____

3. ¿Hizo el avión escala en alguna parte?

_____

4. ¿Por cuál línea aérea vino usted?

_____

5. ¿Vino usted como pasajero de primera clase?

_____

6. ¿Tiene usted su billete de vuelta o lo perdió también?

_____

7. ¿Cuántas maletas perdió usted?

_____

8. ¿En qué hotel se aloja usted en Madrid?

_____

III. Estructuras útiles

D. *Preterit of* **-ir** *verbs with stem changes* **o** > **u** *and* **e** > **i**. ¡Poniéndose al día! *(Catching up with news!)* Uno de sus amigos estuvo fuera por unos días, y ahora le pregunta a usted qué pasó mientras él no estuvo allí. Conteste las preguntas de una forma apropiada.

► ¿Conseguiste las entradas para el concierto?   *Sí, las conseguí. (No, no las conseguí.)*

1. ¿Quién sirvió la comida en el dormitorio? ¿Ricardo?

_____

2. ¿Elegiste por fin un vídeo?

_____

3. ¿Pediste la información que necesitas?

_____

4. ¿Se divirtieron mucho en la fiesta de Sabrina?

_____

5. ¿Cuántas horas durmieron ustedes el día de la fiesta?

_____

6. ¿Es verdad que se murió Don Ramón, el abuelo de Arturo?

_____

7. ¿Por fin qué prefirió hacer Rosaura con la computadora?

_____

8. ¿Repitieron el examen de la semana pasada?

_____

E. *Nominalization*. Conteste las siguientes preguntas afirmativa o negativamente sin repetir el sustantivo, como en el ejemplo.

▶ ¿La chica rubia vino a las cuatro?   *Sí, la rubia vino a las cuatro. (No, la rubia vino más tarde.)*

1. ¿Te gustan mucho las ruinas incaicas?

_____

2. ¿Hablaste con el agente de viajes antipático?

_____

3. ¿Quién vive en la casa amarilla? ¿Tu jefe?

_____

4. El árbitro inglés es tu amigo, ¿verdad?

_____

5. Esa chica tiene una bicicleta roja, ¿no?

_____

6. Los chicos que están en el otro cuarto son tus primos, ¿verdad?

_____

F. *Reflexive constructions*. Diga lo que hicieron las siguientes personas.

▶ mi tío / acordarse de mi cumpleaños este año   *Mi tío se acordó de mi cumpleaños este año.*

1. ¡Manolito y tú / irse de compras sin dinero ayer!

_____

2. nosotros / divertirse en la fiesta de Catalina

_____

3. usted / enfermarse en el trabajo esta mañana

_____

4. mi hermana / despertarse a las 2:00 P.M. el sábado pasado

_____

5. yo / quejarse por tener que estudiar todo el día

_____

6. ella / enamorarse de Luis

_____

G. *Reflexive constructions.* Imagine que usted es intérprete en un juicio *(trial)*. Traduzca al español las siguientes preguntas y comentarios que le hacen al acusado *(defendant)*.

▶ Can you please sit down?   *¿Puede sentarse, por favor?*

1. What is your name?

_____

2. Are you refusing to answer these questions?

_____

3. Do you remember what happened that day?

_____

4. Why did you get angry at him?

_____

5. When did you make up your mind about calling the police?

_____

6. How do you feel now?

_____

7. Can you please get up?

_____

8. You can leave now, thank you.

_____

H. *Verbs like* **gustar.** Combine elementos de cada una de las siguientes columnas para formar ocho oraciones con sentido. Dé la forma conjugada de los verbos.

A	mí	les	doler	cuatro semanas para terminar
Al	ti	te	encantar	hablar con el chico de Nicaragua
A la	chico	me	faltar	las canciones nostálgicas
	nosotros	nos	quedar	bailar el rock
	ellos	le	interesar	muy difíciles esos exámenes
	ellas		molestar	ocho dólares después de comprar todo
	coordinadora		parecer	mucho la cabeza
			gustar	las discusiones sobre política
				viajar por tren

▶ *A mí me encanta bailar el rock.*

1. _____

2. _____

3. _____

4. _____

5. _____

6. _____

7. _____

8. _____

IV. Composición

I. Usted tiene la última palabra. Complete los siguientes diálogos con oraciones apropiadas. Use su imaginación.

1. *Con un amigo*

Su amigo: ¡Hombre, no te vayas hasta el martes!
Usted: ¿Y qué vamos a hacer en esos dos días?

Su amigo: _____

Usted: _____

2. *En una tienda*

Empleado: ¿Qué desea usted?
Usted: Necesito un par de guantes.

Empleado: _____

Usted: _____

3. *Con un agente de policía*

Agente: ¿Qué le pasó?
Usted: Perdí todo mi equipaje.
Agente: ¿Dónde lo perdió?

Usted: _____

Agente: _____

Usted: _____

J. Usted está de vacaciones en las montañas por tres semanas. Prepare una carta de unas 50 palabras a un amigo o familiar. Cuéntele sobre su rutina diaria, qué hace para divertirse, las excursiones a diferentes lugares, qué le gusta o le molesta del lugar, y cualquier otra cosa interesante.

_____

_____

_____

_____

_____

_____

¿Recuerda usted?

Saber *and* **conocer** *in contrast.* Conteste las siguientes preguntas imaginativamente con una forma de **saber** o **conocer.**

► ¿Por qué no estudias esos verbos?   *Porque ya los sé.*

1. ¿Por qué no hablas con Ricardo?

   _____ ____

2. ¿Por qué saludan ustedes a esas señoras?

   _____

3. ¿Por qué invitas a Marisa?

   _____

4. ¿Por qué me miran tanto?

   _____

5. ¿Por qué repites las capitales de Sur América?

   _____

6. ¿Por qué confías en esos muchachos?

   _____

Lección 12
Actividades de laboratorio

Estudio de palabras

Actividad 1. Usted va a oír dos veces una oración relacionada a un artículo de ropa y después una pregunta. Conteste la pregunta indicando la respuesta más apropiada en su cuaderno.

▶ — Llueve mucho: lo necesito. — ¿Qué necesita?

_____ a. el bolso   _____ b. el abrigo   ✔ c. el impermeable

a	b	c
1. _____ las sandalias	_____ la corbata	_____ el abrigo
2. _____ el traje	_____ la bufanda	_____ la falda
3. _____ los guantes	_____ los calcetines	_____ los pantalones
4. _____ el gorro	_____ el vestido	_____ el bolso
5. _____ el vestido	_____ el sombrero	_____ la blusa
6. _____ la blusa	_____ la bufanda	_____ la camisa

Actividad 2. Usted va a oír una oración dos veces y va a leer otra oración en su cuaderno. Indique en el cuaderno si las dos oraciones son *iguales* o *diferentes* en significado.

▶ Estoy en la oficina donde inspeccionan el equipaje.   Usted lee *Estoy en la aduana.*
Usted marca *iguales.*

	Iguales	Diferentes
1. ¿Cuándo llegan los viajeros?	_____	_____
2. El avión despegó inmediatamente.	_____	_____
3. Este tren salió con destino a Madrid.	_____	_____
4. No puedes ni debes conducir cuando estás cansado.	_____	_____
5. Aquí no está mi equipaje.	_____	_____
6. Compré boleto de ida y vuelta.	_____	_____

Estructuras útiles

Actividad 3. Usted va a oír dos oraciones muy similares. Una de las oraciones es reflexiva y la otra no lo es. Indique en su cuaderno cuál es la reflexiva.

▶ a. Me miró con atención.   Usted marca *b.*
b. Me miro con atención.

	a	b			a	b
1.	_____	_____		4.	_____	_____
2.	_____	_____		5.	_____	_____
3.	_____	_____		6.	_____	_____

Comprensión oral

Actividad 4. Usted va a oír tres anuncios comerciales de radio dos veces. Después pare la cinta. En su cuaderno hay unas preguntas sobre cada anuncio y tres posibles respuestas. Seleccione la mejor respuesta a cada pregunta, según el anuncio comercial.

Anuncio 1

1. ¿Cómo se llama la tienda?

_____ a. Se llama "El tercer piso".

_____ b. Se llama "Almacenes bajos".

_____ c. Se llama "Los precios bajos".

2. ¿Qué anuncia el locutor?

_____ a. Todo lo necesario para estar cansada.

_____ b. Todo lo necesario para acostarse y dormir bien.

_____ c. Remedios para evitar estar cansada.

Anuncio 2

3. ¿Qué vende el anunciador?

_____ a. Viajes.

_____ b. Lugares nuevos y distintos.

_____ c. Dinero con interés.

4. ¿Cómo se llama el negocio?

_____ a. "Turismo para todos".

_____ b. "Agencia de viajes".

_____ c. "Oportunidades para todos".

5. ¿Cuál es el número de teléfono?

_____ a. 759-62-42

_____ b. 895-26-24

_____ c. 985-24-26

Anuncio 3

6. ¿Cuánto pagó el hombre por la camisa?

_____ a. Nada.

_____ b. Diez dólares.

_____ c. Diez pesos.

7. ¿Qué anuncian?

_____ a. Ropa de hombre solamente.

_____ b. Ropa de mujer solamente.

_____ c. Ropa de hombre y mujer.

8. ¿Cómo se llama la tienda?

_____ a. "La Maravillosa".

_____ b. "El Encanto".

_____ c. "La Única".

Actividad 5. ¿Es usted un buen detective? Usted va a oír un monólogo dos veces. No va a comprender todo, pero trate de entender la información más importante. Después pare la cinta y seleccione en su cuaderno la información correcta, según el monólogo.

1. Nombre de la persona: _____ Dalia Campos   _____ Delia Bancos   _____ Delia Campos

2. Profesión: _____ estudiante de medicina   _____ médica   _____ enfermera

3. Motivos para elegir la profesión: _____ ayudar a los enfermos   _____ tener un carro deportivo

   _____ investigar en el laboratorio

4. Cosas que hace por la mañana:

   _____ acostarse   _____ bañarse   _____ desayunarse   _____ divertirse

   _____ levantarse   _____ lavarse   _____ vestirse   _____ conducir

5. Horas de trabajo: _____ 7 a 5   _____ 9 a 4   _____ 8 a 4 o 5

6. Actividades del hospital:

   _____ ver pacientes   _____ estudiar   _____ hacer experimentos

   _____ divertirse   _____ examinarse   _____ vestirse

7. Actividades de los fines de semana:

   _____ divertirse   _____ ver películas   _____ bailar

   _____ arrepentirse   _____ preocuparse   _____ enamorarse

   _____ ponerse vestidos bonitos   _____ ir al teatro   _____ salir con amigos

Dictado

Actividad 6. Usted va a oír parte de una carta dos veces. Complétela en su cuaderno con las palabras apropiadas.

Mi querido Alberto:

Acabo de _____ y me dicen que _____ tuya. La abrí y

_____ que todavía _____ después de tanto tiempo.

No _____ el año pasado porque _____ muy ocupado y no

_____ tiempo para nada. Eso no _____ que no

_____ con frecuencia. Ahora trabajo mucho y _____ para

_____ y conversar _____ personalmente o por carta.

No _____ lo difícil que es _____ un minuto para hacer lo que

uno _____ . . .

Tu amigo,
Carlos

Lección 13
En Colombia

I. Comprensión

A. Después de leer *Las noticias del día* en su libro, dé la siguiente información sobre la lectura.

▶ Nombre de la persona que escucha las noticias: *Alonso Fernández*

1. Desayuno del Sr. Fernández:

   _____

2. Producto que anuncian durante el noticiero:

   _____

3. Objeto de la visita del Secretario de Estado americano:

   _____

4. Lugar de donde fue secuestrado el Dr. Pedro Ayala:

   _____

5. Evento que interesa a los aficionados del cine:

   _____

6. Fecha del próximo sorteo de la lotería antioqueña:

   _____

7. Ciclista que compite por la posición de Tomillo en la Vuelta a Colombia:

   _____

II. Estudio de palabras

B. Usted lee el periódico en su casa. Complete las siguientes noticias con palabras apropiadas, escogiendo de las palabras entre paréntesis.

1. En la _____ (pasión–exclusiva–carrera) zona residencial de Bellamar se celebró la

   _____ (conferencia Mundial de Desarrollo–Compañía de Petróleo–Sindicato

   Occidental) para considerar los problemas económicos del hemisferio.

2. La sensación _____ (cierta–conocida–deportiva) del año, el ciclista Alberto

   Moreno, espera _____ (pasar–ganar–apagar) la Vuelta a Colombia este año y

   recibir el _____ (detalle–premio–anuncio) de veinte mil pesos.

   _____ (Todo el país–La semana entrante–Generalmente) espera ver a Moreno

   _____ (cenar–desayunar–terminar) en primer lugar.

3. La _____ (estación–sensación–taza) CMQ de La Habana leyó un

   _____ (detalle–anuncio–noticiero) esta mañana donde informaron que el

   _____ (premio–ciudadano–noticiero) Juan Pérez no es

   _____ (culpable–cierto–probable) de los crímenes cometidos *(committed)* en el

   Ministerio de Industrias la semana pasada.

C. Imagínese que sus padres vienen a visitarlo/la en su apartamento, y usted quiere impresionarlos con sus habilidades culinarias. Prepare un menú perfecto para el día.

Desayuno: café con leche _____

_____

Almuerzo ligero (light): _____

_____

Cena elegante: _____

_____

D. En el mercado. Dé el nombre de las tiendas que aparecen en el siguiente dibujo, y el de sus dueños o empleados.

Tienda   *Empleado/a o dueño/a*

1. _____   _____

2. _____   _____

3. _____   _____

4. _____   _____

5. _____   _____

6. _____   _____

III. Estructuras útiles

E. *The subjunctive of* **-ar** *verbs.* Exprese su reacción a las siguientes afirmaciones. Use una de las expresiones de la lista y la forma apropiada del presente del subjuntivo.

(no) me alegro de que	(no) temo que	(no) permito que	(no) aconsejo que
(no) me gusta que	(no) recomiendo que	ojalá que (no)	(no) espero que
(no) siento que	(no) quiero que	(no) prefiero que	(no) insisto en que

► Estela llama a la policía.   *[No quiero que] Estela llame a la policía.*

1. Tú trabajas los lunes.

   _____

2. Ustedes llegan a las tres de la mañana.

   _____

3. Tomás se queja de todo lo que pasa.

   _____

4. Tus hermanos viajan mucho.

   _____

5. Mi amiga Elisa se enamora de alguien diferente todos los meses.

   _____

6. Mi mamá me llama por teléfono.

   _____

7. Tú siempre ayudas a tus vecinos.

   _____

8. Mañana desayunamos a las seis.

   _____

F. *The subjunctive of* **-ar** *verbs.* Aplique los siguientes comentarios a las personas indicadas.

► Es bueno no gastar mucho en cosas superfluas.   (el presidente)   *Es bueno que el presidente no gaste mucho en cosas superfluas.*

1. Es malo llegar tarde a la clase.   (los estudiantes)

   _____

2. Es absurdo trabajar los domingos.   (nosotros)

   _____

3. Es estupendo estar de vacaciones.   (ustedes)

   _____

4. Es terrible cenar solo.   (tú)

   _____

5. Es imposible trabajar aquí.   (yo)

   _____

6. Es importante escuchar a la gente.   (los senadores)

   _____

7. Es difícil regresar a esa compañía.   (el señor Gil)

   _____

8. Es necesario comparar los precios de los viajes.   (nosotros)

   _____

G. *The subjunctive of* **-ar** *verbs.* Exprese su opinión sobre las siguientes afirmaciones. Empiece con **(no) dudo que, (no) niego que, (no) es cierto que, (no) estoy seguro/a de que** o **(no) creo que** y use el presente del indicativo o del subjuntivo, según el contexto.

► Mi profesor/a recuerda todas las formas del verbo **volar.**   *[Es cierto que] mi profesor/a recuerda todas las formas del verbo* **volar.**
   ([No es cierto que] mi profesor/a recuerde todas las formas del verbo **volar.***)*

1. El banco le va a dar el dinero a mi padre para la casa nueva.

   _____

2. Los políticos anuncian nuevos programas económicos.

   _____

3. Tú llegas temprano a tu oficina.

   _____

4. Nosotros terminamos la Vuelta a Colombia en bicicleta.

   _____

5. Ellos cancelan sus reservaciones para el restaurante.

   _____

6. El médico aconseja al paciente.

   _____

H. *Comparisons of inequality with adjectives and adverbs.* Conteste las siguientes preguntas, comparando las personas y cosas indicadas. Use **más/menos** + adjetivo o adverbio + **que** en sus respuestas.

▶ El apartamento de Doris es muy cómodo.   *Su apartamento es más (menos) cómodo que la casa de*
   ¿y la casa de sus padres?   *sus padres.*

1. Tú amiga conduce cuidadosamente. ¿y tú?

   _____

2. Tú eres muy alto. ¿y tu hermano?

   _____

3. Mi coche es rápido. ¿y tu coche?

   _____

4. Ese señor habla muy lentamente. ¿y tu profesor?

   _____

5. Ramiro escribe muy claramente. ¿y yo?

   _____

6. Yo soy muy perezoso. ¿y tú?

   _____

I. *Comparisons of inequality with nouns.* Combine las dos oraciones para comparar lo que hacen las siguientes personas. Use **más/menos** + sustantivo + **que** en cada oración.

▶ Mi hermana lee muchos libros. Mi hermana lee pocas revistas.   *Mi hermana lee más libros que*
                                                                   revistas (menos revistas que libros).

1. Beatriz compró cuatro suéteres. Luisa compró tres suéteres.

   _____

2. Yo tengo ocho primos. Yo tengo cuatro primas.

   _____

3. El empleado vendió diez coches. El empleado vendió quince motocicletas.

   _____

4. Usted tiene cuatro libros de español. Yo tengo tres libros de español.

   _____

5. Hay trece alumnos en esa clase. En mi clase hay veintidós.

   _____

6. Nosotros participamos en dos carreras este año. Ustedes participaron en una carrera.

   _____

J. *Comparisons of inequality with a specified number or amount.* Su amiga Rosa y usted viajaron a Sur América. Ahora Uds. les cuentan a sus amigos cosas que hicieron en el viaje. Rosa exagera y usted la corrige *(correct)*. Escriba las exageraciones de Rosa usando **más de,** y las correcciones de usted usando **no . . . más que.**

▶ Rosa: ver / 150 llamas / en los Andes
Usted: ver / 50 llamas / en los Andes

Vimos más de 150 llamas en los Andes.
¡No, mujer! No vimos más que 50 llamas en los Andes.

1. Rosa: viajar / 15.000 kilómetros

   Usted: viajar / 6.000 kilómetros

2. Rosa: comer / 25 frutas diferentes

   Usted: comer / 15 frutas diferentes

3. Rosa: comprar / 10 suéteres de alpaca

   Usted: comprar / 6 suéteres dc alpaca

4. Rosa: visitar / 15 museos

   Usted: visitar / 10 museos

5. Rosa: conocer / 50 personas

   Usted: conocer / 20 personas

IV. Composición

K. Complete estos diálogos entre usted y el camarero de un restaurante hispano.

1. Camarero: Buenos días. ¿Va a almorzar?

   Usted: _____

   Camarero: Sí, aquí tiene un menú. ¿Quiere beber algo?

   Usted: _____

2. Camarero: Lo siento, pero no tenemos arroz con pollo hoy. Le recomiendo la langosta Newburg.

   Usted: _____

   Camarero: Es langosta en una salsa de mariscos.

   Usted: _____

   Camarero: Le aseguro que no se va a arrepentir . . .

L. Cuente en unas 50 palabras la última noticia importante que usted leyó en el periódico, escuchó en la radio o vio en la televisión. Diga qué ocurrió, cuándo pasó y dónde.

Lección 13
Actividades de laboratorio

Estudio de palabras

Actividad 1. Usted va a oír una oración incompleta dos veces. Durante la pausa, marque la mejor conclusión, *a, b o c,* en su cuaderno.

▶ Ese actor es muy conocido y....   _____ a. mundial   ✔ b. admirado   ___ c. cierto

a	*b*	*c*
1. _____ efectivo	_____ exclusivo	_____ falso
2. _____ la culpable	_____ la ciudadana	_____ la taza
3. _____ el premio	_____ el noticiero	_____ el detalle
4. _____ ganar	_____ terminar	_____ apagar
5. _____ premios	_____ dolor de cabeza	_____ sensación
6. _____ anuncios	_____ conocidos	_____ ciudadanos

Estructuras útiles

Actividad 2. Usted va a oír una pregunta dos veces. En su cuaderno, marque la respuesta más apropiada, *a o b.*

▶ ¿Llamo a la policía?   ✔ a. No quiero que llames a la policía.
_____ b. No quieres que la llame.

1. _____ a. Son importantes las instrucciones.

_____ b. Sí, es importante que las busques.

2. _____ a. Esperamos que los compres.

_____ b. Esperas que los compremos.

3. _____ a. Sí, ellos lo arreglan.

_____ b. Prefiero que no lo arregles.

4. _____ a. Nada. Nunca me recomienda nada.

_____ b. Le recomiendo que se afeite.

5. _____ a. Sí, mucho.

_____ b. Sí, ustedes se sorprenden que yo hable de él.

6. _____ a. Es mejor que no bailes.

_____ b. Creo que sí.

Comprensión oral

Actividad 3. Hay seis preguntas en su cuaderno. Por cada pregunta usted va a oír tres respuestas dos veces. En su cuaderno, marque las respuestas correctas, *a, b* o *c*. Una pregunta puede tener una, dos o tres respuestas correctas.

▶ ¿Duda usted que Luis trabaje en ese ministerio? Usted marca *a* y *b*.
  a. Sí, lo dudo.
  b. Sí, porque él trabaja con mi hermano en la tienda.
  c. Sí, Luis es amigo del jefe.

	a	b	c
1. ¿Cuántos estudiantes hay en esta clase?	_____	_____	_____
2. ¿Quién habla más? ¿José o Julio?	_____	_____	_____
3. ¿Quién me pide que pague la cuenta?	_____	_____	_____
4. ¿Dónde quieres que lave el coche?	_____	_____	_____
5. ¿Qué vas a cenar?	_____	_____	_____
6. ¿Qué le pasó a esa señora?	_____	_____	_____

Actividad 4. Usted va a oír dos diálogos dos veces. Algunas palabras son nuevas para usted, pero son fáciles de entender. Escuche cada diálogo con atención. Después pare la cinta y, en su cuaderno, indique si cada oración es *verdadera, falsa* o si contiene *información que no está en el diálogo*.

Diálogo número uno	*Verdadera*	*Falsa*	*No está*
1. David tiene muy mala opinión del restaurante.	_____	_____	_____
2. Según David el restaurante tiene comidas deliciosas.	_____	_____	_____
3. En el restaurante hay muchos camareros que no saben servir la comida ni poner la mesa.	_____	_____	_____
4. En cada mesa hay lugar para dos personas.	_____	_____	_____
5. Para comer en "Las Delicias", hay que hacer reservación dos días antes.	_____	_____	_____

Diálogo número dos	*Verdadera*	*Falsa*	*No está*
1. El campeón parece estar muy contento y quiere saludar a sus amigos en el pueblo.	_____	_____	_____
2. El oponente del campeón boxeó muy mal, pero ganó.	_____	_____	_____
3. Había muchas personas en el estadio para ver el encuentro entre el campeón y su oponente.	_____	_____	_____
4. El campeón no quiere boxear con su oponente otra vez.	_____	_____	_____

Dictado

Actividad 5. Usted va a oír una pregunta y una respuesta. Luego va a oír la pregunta otra vez. Durante la pausa, escriba sólo la respuesta en su cuaderno.

▶ ¿Cómo se llama usted?   Usted escribe *Me llamo Pablo*.
  Me llamo Pablo.
  ¿Cómo se llama usted?

1. _____
2. _____
3. _____
4. _____
5. _____

Lección 14
En Venezuela

I. Comprensión

A. Las siguientes oraciones están basadas en la lectura *Una carta de Caracas*. Lea la carta en su texto, y luego seleccione las frases que completan correctamente las oraciones. Más de una opción puede ser correcta.

1. Enrique Pérez es... (a) _____ arquitecto del gobierno de Venezuela. (b) _____ un joven arquitecto colombiano que está en Caracas. (c) _____ estudiante de la Universidad Nacional de Colombia.

2. Enrique pasa el tiempo en... (a) _____ reuniones de trabajo. (b) _____ la preparación de informes y en visitas a lugares interesantes. (c) _____ montar a caballo.

3. Enrique no cree que... (a) _____ tenga que leer más informes. (b) _____ pueda regresar a Bogotá el mes próximo. (c) _____ tenga que escribir un informe para el Ministerio de Desarrollo.

4. Según Enrique, Caracas... (a) _____ es muy moderna. (b) _____ tiene muchos barrios pobres. (c) _____ no tiene muchas industrias.

5. Algunos de los lugares de interés que hay cerca de Caracas son... (a) _____ el puerto de La Guaira. (b) _____ los balnearios y playas. (c) _____ Macuto.

6. Luis y Rosa Pinzón... (a) _____ son amigos de Miguel. (b) _____ tienen una hacienda en los llanos venezolanos. (c) _____ son colombianos como Enrique.

7. Pilar es... (a) _____ la esposa de Enrique. (b) _____ la novia de Miguel. (c) _____ la madre de Enrique y Miguel.

II. Estudio de palabras

B. Páginas de un diario. Seleccione las palabras o expresiones apropiadas para completar esta página imaginaria de un diario en la universidad.

Lunes 23 de septiembre:

Acabo de *(I have just)* _____ (abrazar–enviar–conducir) una carta a mis padres

donde les cuento sobre las _____ (impresiones–haciendas–autopistas) de esta primera

semana lejos de casa.

_____ (De todos modos–Por todas partes–Sumamente) encuentro gente nueva,

_____ (al tanto–de camino–aunque) ayer vi a algunos de mis amigos del barrio.

Este _____ (aspecto–todavía–fin de semana) quiero ir con Cecilia a montar a

caballo aquí en la universidad. Hablo _____ (con frecuencia–al tanto–amistoso) con

Cecilia cuando vamos _____ (gentilmente–de camino–a la hacienda) a nuestras

clases. _____ (Todavía–Quizás–Por fin) mi interés en ella sea algo más que un

_____ (pasatiempo–balneario–ganado)...

C. El cuarto de mi hermano. Complete la siguiente descripción, traduciendo al español las frases preposicionales en inglés. ¡Ponga atención a las contracciones!

Estamos _____ (inside of, within) el cuarto de mi hermano Ricardo,

_____ (facing) su cama *(bed)*. Hay tantas cosas _____ (on top

of) la cama que es difícil imaginar cómo o dónde duerme Riqui. ¿_____ (Under,

Below) la cama? ¿_____ (Next to, Beside) el escritorio? ¡Imposible! El escritorio

está _____ (near) la puerta. ¡La puerta! Ya casi no abre;

_____ (behind) ella hay raquetas, ropa, etc. etc.

Por las ventanas ya no entra la luz. _____ (In front of) ellas, Riqui tiene mapas,

fotos, "posters". _____ (To the left of) una de las ventanas hay más de 100

periódicos viejos y _____ (to the right) hay más de 200 revistas deportivas.

Yo creo que Riqui duerme _____ (outside of) el cuarto,

_____ (far from) este caos monumental.

III. Estructuras útiles

D. *The subjunctive of* -er *and* -ir *verbs.* Exprese su reacción personal a las siguientes situaciones. Use una de las expresiones de la lista y el presente del subjuntivo.

(no) quiero que... (no) me gusta que... (no) estoy furioso/a de que...
(no) me alegro de que... (no) espero que... (no) tengo miedo de que...

► Ustedes aprenden a usar la procesadora de palabras. *[Me alegro de que] ustedes aprendan a usar la procesadora de palabras.*

1. Raquel corre un kilómetro todos los días.

_____

2. Mis tíos deciden siempre por sus hijos.

_____

3. Nosotros vendemos las entradas.

_____

4. Tú me pides dinero todas las semanas.

_____

5. Vivian se sonríe cada vez que me ve.

_____

6. Los cantantes españoles vuelven al programa de televisión.

_____

E. *The subjunctive of* **-er** *and* **-ir** *verbs.* Algunos de sus amigos le comentan sobre algunas decisiones que tienen que tomar. Dígales lo que usted piensa, usando expresiones como **(no) recomiendo que, (no) sugiero que, (no) aconsejo que, es importante que** y la forma apropiada del presente del subjuntivo.

▶ No quiero seguir en la escuela.   *[Te sugiero que] sigas en la escuela.*

1. Voy a mentir si me preguntan.

   _____

2. No voy a comer nada hoy.

   _____

3. En enero vuelvo al pueblo.

   _____

4. ¿Crees que debo aprender a montar a caballo?

   _____

5. No quiero vender mi bicicleta vieja.

   _____

6. ¿Respondo a la carta de mi ex-novio/a?

   _____

F. *The subjunctive of* **-er** *and* **-ir** *verbs.* ¿Qué piensa Ud. sobre algunos de los problemas de la actualidad universitaria, nacional o mundial? Forme una oración con cada serie de palabras y use el presente del indicativo o del subjuntivo, según el contexto.

▶ (no) es cierto que / los países de Hispanoamérica /   *Es cierto que los países de Hispanoamérica*
   poder bajar / el nivel de inflación   *pueden bajar el nivel de inflación. (No es*
                                                            cierto que los países de Hispanoamérica
                                                            puedan bajar el nivel de inflación.)

1. (no) dudo que / la universidad / subir / el precio de los cursos

   _____

2. (no) es evidente que / los políticos / poder mejorar / las oportunidades de trabajo

   _____

3. (no) creo que / el gobernador de... / perder / las elecciones este año

   _____

4. (no) es probable que / el presidente / conseguir / el desarrollo industrial del país

   _____

5. (no) creo que / los empleados / querer / ayudar a los obreros

   _____

6. (no) estoy seguro/a de que / la gente / comprender / la situación de los barrios pobres

   _____

G. *The superlative of adjectives.* Forme oraciones que expresen una opinión sobre seis de las siguientes personas o cosas. Escoja una palabra o expresión de cada columna, y use el verbo **ser** en las oraciones. ¡No olvide dar la forma correcta del adjetivo!

Personas/cosas	*Categorías*	*Adjetivos*	*Grupos*
Bolívar	el político	útil	los políticos americanos
la procesadora de palabras	la parte	inteligente	Hispanoamérica
la cocina	el profesional	popular	Bolivia
ese ingeniero	el héroe	importante	esta compañía
el presidente	la máquina	antiguo	la casa
el estaño	la construcción	famoso	este barrio
esta casa	el mineral	necesario	esta oficina

► *El estaño es el mineral más importante de Bolivia.*

1. _____

2. _____

3. _____

4. _____

5. _____

6. _____

H. *Irregular comparative of adjectives.* Decida cuál de las siguientes personas o cosas es **mejor, peor, mayor** o **menor.** Recuerde que también puede usar las formas regulares **bueno, malo, pequeño** o **grande** en sus comparaciones.

► manzanas rojas-manzanas verdes   *Las manzanas rojas son [mejores] que las manzanas verdes ([más buenas] que las manzanas verdes).*

1. duraznos de Georgia-duraznos de Carolina del Norte

_____

2. películas americanas-películas inglesas

_____

3. catedrales-iglesias

_____

4. cine-televisión

_____

5. novela-poesía

_____

6. periódicos-revistas

_____

I. *Irregular comparative of adverbs.* Compare las siguientes personas o cosas. Use el presente de indicativo del verbo entre paréntesis y el comparativo apropiado de los adverbios **bien, mal, mucho** o **poco.**

► su hermano/a–usted   (bailar)   *Mi hermano baila mejor (peor) que yo.*

1. Julio Iglesias–Frank Sinatra   (cantar)

   _____

2. las casas–los apartamentos   (costar)

   _____

3. usted–su amigo   (esquiar)

   _____

4. Shakespeare–Cervantes   (escribir)

   _____

5. los obreros–los empleados de oficina   (trabajar)

   _____

6. una amiga–usted   (estudiar)

   _____

IV. Composición

J. Escriba su opinión sobre cada uno de los siguientes tópicos en dos o tres oraciones. Use por lo menos una forma del subjuntivo en cada párrafo.

1. La situación ecológica.

   _____

   _____

2. Los derechos de la mujer.

   _____

   _____

3. Las campañas electorales.

   _____

   _____

K. Imagínese que usted está hace unas semanas en una nueva casa o apartamento. Ahora les escribe a sus antiguos vecinos y describe el lugar y el barrio. Dígales cómo es la casa o apartamento y qué habitaciones tiene, cuántos pisos tiene el edificio, qué tipo de edificios hay cerca (tiendas, casas, etc.) y cómo se compara el barrio con el antiguo. (75 palabras)

   _____

   _____

   _____

   _____

   _____

¿Recuerda usted?

Reflexive verbs. Un día en la vida de Juan Gómez. Complete la siguiente narración con la forma correcta en el presente del indicativo de los verbos reflexivos que correspondan.

Son las seis de la mañana en la casa de Juan y Carlos Gómez.

Carlos: Son las seis, Juan. Es hora de _____ (acostarse–levantarse–acordarse).

Juan: Ahora (yo) _____ (llamarse–despertarse–levantarse). ¡Un momento!

Carlos: Está bien. Mientras tú _____ (despertarse–dormirse–peinarse), yo

_____ (bañarse–despertarse–enojarse) y _____

(ponerse–quitarse–afeitarse).

Juan: ¡Magnífico! Yo _____ (bañarse–peinarse–quejarse) más tarde. Voy a dormir un

poco más.

Por fin a las ocho de la mañana, Juan _____ (sentarse–equivocarse–levantarse),

_____ (bañarse–divertirse–dormirse), _____ (enfermarse–vestirse–irse),

_____ (peinarse–ponerse–reírse) el abrigo y _____ (enojarse–sentirse–irse)

para su trabajo.

Hoy Juan _____ (enamorarse–decidirse–lavarse) a caminar para no ir a su oficina en

autobús como todos los días. Poco después, Juan _____ (vestirse–arrepentirse–quitarse),

porque empieza a llover. Va hasta la esquina y toma un autobús, pero (él) _____

(equivocarse–enojarse–ponerse) y toma el autobús que va en la dirección contraria.

Cuando Juan finalmente llega a su trabajo, el jefe _____ (negarse–imaginarse–quejarse) de

que es muy tarde para llegar al trabajo. Juan le explica lo que pasó, _____

(quitarse–ponerse–sentarse) el abrigo, _____ (sentirse–sentarse–vestirse) y

_____ (levantarse–ponerse–acordarse) a trabajar. Pero después de tantos problemas, ahora

tiene un fuerte dolor de cabeza y _____ (sentarse–divertirse–sentirse) muy mal...

Crucigrama

Complete el siguiente crucigrama.

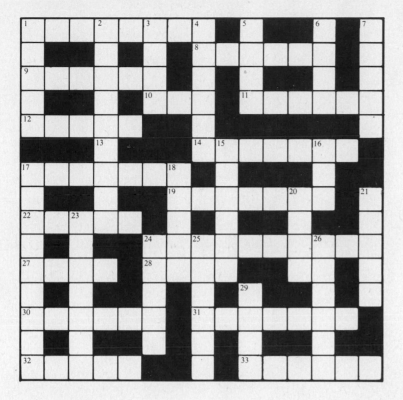

Horizontales

1. Persona que sirve la comida en un restaurante *(m.)*
8. Distancia entre dos calles en una ciudad
9. Lugar donde ponemos la comida que necesita refrigeración
10. Período de 24 horas
11. Mujer casada
12. Aparato que usamos para escuchar las noticias
14. Mes del año, entre septiembre y noviembre
17. Tienda que vende productos comestibles
19. Terreno con muchos precipicios y montañas, adjetivo *(m.)*
22. Aparato que indica la hora
24. Inmensamente grande *(f.)*
27. Apodo para **Francisco**
28. Color del mar
30. Lugar donde examinan nuestro equipaje cuando entramos a un país
31. Ir por el mar en un bote o barco
32. Sinónimo de **espero que**
33. Día de la semana entre viernes y domingo

Verticales

1. Comer por la noche
2. Persona nativa de América, adjetivo *(m.)*
3. Número de años que tiene una persona
4. Sinónimo de **mar**
5. Bebida de color negro que tomamos con el desayuno
6. Contrario de **bueno** *(m.)*
7. Sinónimo de **ver**
15. Grano comestible, como el maíz y el arroz
16. Corriente de agua que va al mar
17. Sinónimo de **avión**
18. Parte del cuerpo que usamos para oler *(smell)*
20. Número entre dos y cuatro
21. Sinónimo de **hermoso, bien parecido** *(m.)*
23. Vegetal verde que usamos en las ensaladas
24. Contrario de **perder**
25. Artículo de ropa que usamos en las manos cuando hace frío
26. Siete días
29. Sinónimo de **pájaro**, *(pl.)*

Lección 14
Actividades de laboratorio

Estudio de palabras

Actividad 1. Usted va a oír una oración incompleta dos veces. En su cuaderno, marque la mejor conclusión, *a, b* o *c*.

► Estoy cansada y necesito dormir; voy... _____ a. a la sala ✔ b. a mi cuarto _____ c. al desván

	a	*b*	*c*
1.	_____ al cuarto de baño	_____ al desván	_____ a la pared
2.	_____ el sótano	_____ el techo	_____ el estudio
3.	_____ la cocina	_____ el comedor	_____ el suelo
4.	_____ a la pared	___ a la chimenea	_____ al sótano
5.	_____ el sótano	_____ el ático	_____ el techo
6.	_____ la cocina	_____ la sala	_____ el techo
7.	_____ la chimenea	_____ el patio	_____ la pared
8.	_____ la cocina	_____ el comedor	_____ la sala

Estructuras útiles

Actividad 2. Usted va a oír un comentario y después dos reacciones al comentario. Una de las reacciones expresa una emoción, como alegría o tristeza. La otra reacción expresa un juicio *(judgement)* u opinión. En su cuaderno escriba la letra de la oración, *a* o *b,* en la columna apropiada, *emoción* o *juicio*.

► María no quiere volver a su casa.
  a. Siento que no quiera volver.   Usted escribe *a* en la columna *emoción*.
  b. Le aconsejo que vuelva.   Usted escribe *b* en la columna *juicio*.

	Emoción	*Juicio*
1. No podemos conseguir reservaciones para ese vuelo.	_____	_____
2. Vamos a beber en ese café.	_____	_____
3. Alberto pide un aumento de sueldo.	_____	_____
4. Mis primos tienen mucha suerte y siempre los eligen para jugar.	_____	_____
5. Me divierto mucho cuando voy a los bailes del Club Hispánico.	_____	_____
6. Adela te va a escribir una carta larga.	_____	_____

Comprensión oral

Actividad 3. Usted va a oír parte de una conferencia dos veces. Usted no va a poder entender todo, pero puede comprender las ideas principales. Después pare la cinta y, en su cuaderno, lea las notas de la conferencia que tomó un estudiante. Algunas notas están bien pero otras están mal. Marque las notas correctas y las incorrectas.

	Correcta	*Incorrecta*
1. La energía barata es cosa del pasado.	_____	_____
2. En algunos países es posible comprar un galón de gasolina por veinticinco o treinta centavos.	_____	_____
3. En la América Latina la energía es muy barata.	_____	_____
4. Los países productores de petróleo en la América Latina no quieren vender su petróleo a precios muy bajos, ni en sus propios países.	_____	_____
5. En los países no productores de petróleo, los consumidores pagan el costo de la importación de energía.	_____	_____
6. Esto es muy malo porque el consumo de petróleo aumenta.	_____	_____

Dictado

Actividad 4. Usted va a oír la primera parte de una oración dos veces. En su cuaderno, escriba la primera parte de la oración al lado de la conclusión apropiada.

▶ A mi amiga no le gusta que…   a. _____ yo llego tarde.
                                   b. *A mi amiga no le gusta que* yo llegue tarde.

1a. _____ mejores que el centro.

 b. _____ mal desarrollo urbanístico.

2a. _____ área del baño.

 b. _____ los cuartos de dormir.

3a. _____ la llevo al mejor restaurante.

 b. _____ le consiga entradas para los conciertos.

4a. _____ de la ciudad.

 b. _____ en la ciudad.

5a. _____ bailemos en ese salón.

 b. _____ bailen aquí.

Lección 15
En Panamá

I. Comprensión

A. Lea la selección *Los indios cunas* en su libro; luego dé la siguiente información sobre la lectura.

▶ Lugar donde viven los indios cunas: *costa oriental de Panamá e Islas de San Blás*

1. Idiomas que habla la mayoría de los cunas:_____
_____

2. Características esenciales que debe tener el jefe de una aldea:_____
_____

3. Las fuentes de ingreso *(sources of income)* de los cunas:_____
_____

4. Descripción de una mola: _____
_____

5. Posición de la mujer en la sociedad cuna: _____
_____

6. Ocasiones en que los cunas tienen más contacto con la civilización occidental: _____
_____

II. Estudio de palabras

B. Los siguientes párrafos hablan de las diferentes culturas indias que Cristóbal Colón encontró cuando llegó a la América. Escoja las palabras apropiadas entre las que se dan en paréntesis. Note que los párrafos están escritos en el presente.

1. En la región de Panamá viven varias _____ de indios. Por el oeste existen grupos

_____ de indios relacionados con los mayas. Por el sureste _____ su

influencia grupos de _____ chibcha.

(ejercen–tribus–descendencia–sistema–numerosos)

2. La _____ de la economía de muchas de estas culturas son productos como el

_____ y los _____. Los indios _____ con pueblos

vecinos y _____. Sin embargo, _____ hay más comunicación con el

resto de Panamá y con turistas que visitan la región y compran los productos de su

_____.

(en los últimos años–base–entre sí–cacao–artesanía–comercian–cocos)

3. En Cuba y otras islas del Caribe existe en la época de Colón una _____ más primitiva: la taína. Los taínos _____ un papel muy importante en esta área. Ellos cultivan el _____ y el tabaco y viven en pequeños pueblos. Durante esa época, otra cultura india, la caribe, empieza a _____ su influencia _____ en las islas mayores, Cuba, Haití y Puerto Rico.

(ejercer–maíz–civilización–desempeñan–poderosa)

C. Nombre las partes del cuerpo indicadas en el siguiente dibujo, y dé el artículo definido que corresponde a cada una.

1. _____ *la cabeza* _____
2. _____
3. _____
4. _____
5. _____
6. _____
7. _____
8. _____
9. _____
10. _____
11. _____
12. _____
13. _____
14. _____
15. _____
16. _____

D. Reaccione a cada situación afirmativa o negativamente, usando la forma del adjetivo terminado en **-oso/ -osa** que corresponda al sustantivo indicado.

► ¡Ese jugador es una *maravilla*!   *Sí, él es verdaderamente maravilloso. (Yo no creo que él sea tan maravilloso como dices.)*

1. Esta comida es una *delicia*.

_____

2. En esta carretera hay muchos *peligros*.

_____

3. Nicolás va mucho a la iglesia y siempre habla de *religión*.

_____

4. El presidente tiene mucho *poder*.

_____

5. La película es un verdadero *desastre*.

_____

6. Ese artista tiene mucha *fama* en Hispanoamérica.

_____

III. Estructuras útiles

E. *Uses of the present subjunctive and verbs with irregular stems.* Exprese su reacción personal a las siguientes noticias que le da un/a amigo/a. Complete la oración con una forma del subjuntivo o del indicativo, según el contexto.

▶ — ¿Sabes que Alberto y Mercedes van a la fiesta del Club?   — ¡Magnífico! Me alegro *[de que vayan].*

1. — Todos los estudiantes saben las fechas de los partidos de fútbol.

   — Dudo que _____

2. — Hay muchas playas hermosas en el Caribe.

   — Todo el mundo sabe que _____

3. — Los Pérez van a las islas este verano.

   — No les recomiendo que _____

4. — Dicen que mañana va a hacer buen tiempo.

   — Esperamos que _____

5. — El velero rojo es de mi hermana.

   — Es imposible que _____

6. — Yo conozco a muchos puertorriqueños en Nueva York.

   — No niego que _____

7. — Adolfo tiene una familia muy grande.

   — Es cierto que _____

8. — Magda no va a traer a Luis a la fiesta.

   — Siento que _____

9. — Ella no oye bien.

   — Es verdad que _____

10. — Laura nunca conduce muy rápidamente.

   — ¡Ojalá que _____!

F. *Comparisons of equality with nouns, adjectives, and adverbs.* Un/a amigo/a le comenta sobre diferencias que encuentra entre distintas personas o cosas. Usted reacciona a cada comentario o pregunta diciendo que usted no piensa que las diferencias existen. Use **tan...como** o **tanto como** en sus oraciones.

▶ A mí me parece que Luis estudia más que su   *¡No es cierto! (Yo) creo que Ramón estudia tanto*
   hermano Ramón.   *como Luis.*

1. ¡Qué barbaridad! Ese muchacho come más rápidamente que todos nosotros.

_____

2. Alejandro patina muy bien, ¿no? Patina mejor que Luisa.

_____

3. Ellas pueden hacer las tareas porque tienen más tiempo que nosotros.

_____

4. Este cuarto es más frío que mi cuarto, ¿no crees?

_____

5. ¿Es verdad que Luis y Lola toman más cursos que nosotros?

_____

6. El coche de Ricardo corre más que tu coche, ¿verdad?

_____

7. ¿Qué te parece si le pedimos los discos a Luisa? Ella tiene más que yo.

_____

G. *The neuter* **lo.** Conteste afirmativamente de forma abreviada las preguntas de un/a amigo/a. Luego haga un comentario relacionado, que empiece con la expresión entre paréntesis. Complete la explicación libremente.

▶ ¿Sabes que Raúl no puede ir al partido de baloncesto con nosotros esta noche?   (lo raro)   *Sí, lo sé. Lo raro es que [él siempre va a todos los partidos].*

1. ¿Oíste que no hay clase de historia hoy?   (lo bueno)

_____

2. ¿Crees que van a cancelar el concierto?   (lo difícil)

_____

3. ¿Es verdad que Miguel compró un estéreo nuevo?   (lo interesante)

_____

4. ¿Sabes que mi prima va a recibir una herencia?   (lo curioso)

_____

5. ¿Oíste que Ismael y Rosana se casan?   (lo difícil)

_____

6. ¿Sabes que Ileana olvidó su examen ayer?   (lo horrible)

_____

7. ¿Compraste esas blusas por seis pesos cada una?   (lo malo)

_____

8. ¿Crees que Carlos te va a ayudar a pintar el cuarto?   (lo bueno)

_____

H. **Que, lo de** *and* **lo que** *in contrast.* Complete las siguientes oraciones con **que, lo de,** o **lo que,** según el contexto.

▶ No entiendo *lo de* las nuevas regulaciones.

1. Elena me dijo _____ sus primos.

2. No saben _____ quieren.

3. _____ dices de Norma no es verdad.

4. Me gusta _____ me digas esas cosas.

5. Nos explicaron _____ pasó en el estadio.

6. Prefiero _____ me des el mapa ahora.

7. Es imposible entender _____ los viajes de tu tío.

8. ¿Me vas a explicar _____ los indios cunas?

9. Ellas insisten en _____ les den los mismos derechos.

10. No entiendo _____ dices.

IV. Composición

I. Usted va al médico y le explica algunos síntomas que tiene; también le hace algunas preguntas.

Médico: ¿Cómo se siente hoy?

Usted: _____

Médico: ¿Qué le duele?

Usted: _____

Médico: ¿Le duele cuando camina?

Usted: _____

Médico: Es mejor que le haga un electrocardiograma.

Usted: _____

Médico: No tenga miedo. Un electrocardiograma es sólo una manera de ver cómo trabaja su corazón.

Usted: _____

J. Imagínese que usted escribe una columna en el periódico. Su columna se llama "Todo lo humano". Aconseje a la persona que le manda esta carta en menos de 75 palabras. Algunos verbos y expresiones que pueden ayudarlo/a son: **sugerir, (no) estar seguro/a, enojarse de, aconsejar, puede ser, es necesario, recomendar, cambiar, es mejor** y **ayudar.**

"Tengo un problema que, para mí, es muy serio. Soy una chica de 18 años y tengo dificultades con mi ex-novio Miguel, un muchacho de 19 años. Yo todavía lo quiero, y creo que él me quiere a mí también, pero él siempre quiere darme celos *(make me jealous)*. Todos los días pasa frente a mi casa con otra chica que sólo tiene 16 años, pero que es muy bonita. Por favor, ayúdeme. ¡Quiero que Miguel deje a esa muchacha, pero no sé qué hacer!

Loca de amor"

_____

_____

_____

_____

_____

_____

¿Recuerda usted?

Direct- and indirect-object pronouns. Complete las siguientes oraciones con la forma correcta del pronombre de objeto directo o indirecto.

▶ Aquí están las novelas, pero dudo que Bernardo *las* lea esta semana.

1. Las puertas están abiertas. Espero que Eugenia _____ cierre antes de salir.

2. No tengo mucho tiempo para hacer_____ solo. ¿_____ puedes ayudar?

3. Ojalá que Ramón _____ traiga tus discos hoy, para que puedas llevar_____ a la fiesta esta noche.

4. Ella no _____ quiere hablar porque no _____ dijimos que compramos un nuevo coche.

5. Mis primos están muy contentos porque _____ traje un pastel que compré en la pastelería "La Mayorquina".

6. ¿Qué _____ dijiste a Hilda cuando _____ viste en el teatro?

7. Nuestros amigos _____ visitan todos los meses. Nosotros también _____ visitamos y _____ invitamos a cenar frecuentemente.

Para *and* **por** *in contrast.* Complete estos anuncios para el periódico con **por** o **para,** según sea apropiado.

1. ¡Un televisor excelente a un precio razonable! Compre un "Almirante".

   ¡_____ ser tan barato, es excelente!

2. Señora, tenemos la crema ideal _____ sus manos. Tenemos "Sofisma".

   Decir "Sofisma" es decir manos jóvenes y hermosas _____ siempre.

3. "La Casa del Oro *(gold)*" cambia oro _____ dinero en efectivo *(cash),* sin hacer muchas preguntas.

   Venga a "La Casa del Oro" con sus sortijas *(rings)* de oro _____ buscar su dinero.

4. ¿Viaja usted todos los veranos _____ avión?

   Las aerolíneas "Flota Aérea" son famosas _____ su economía y buen servicio.

   _____ Europa, nuestro chofer puede pasar _____ usted y su familia, ¡en su

   misma casa! ¡Tenemos servicio de "limousine" _____ nuestros clientes!

Lección 15
Actividades de laboratorio

Comprensión

Actividad 1. Usted va a oír seis oraciones sobre los indios cunas. En su cuaderno, marque *sí* si la oración es correcta y *no* si es incorrecta, según la lectura.

	Sí	No		Sí	No
1.	____	____	4.	____	____
2.	____	____	5.	____	____
3.	____	____	6.	____	____

Estudio de palabras

Actividad 2. Usted va a oír una oración incompleta dos veces. En su cuaderno, seleccione la palabra que mejor completa la oración.

► Esta noche no voy a escribir porque me duelen…

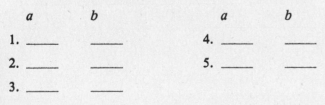 ____ a. los pies   ____ b. las piernas   ____ c. los dedos

	a	b	c
1.	____ piernas	____ manos	____ orejas
2.	____ rodillas	____ caras	____ manos
3.	____ pelos	____ dientes	____ dedos
4.	____ cabeza	____ nariz	____ boca
5.	____ dedos	____ pies	____ brazos
6.	____ cuello	____ ojo	____ estómago

Estructuras útiles

Actividad 3. Usted va a oír una pregunta y dos respuestas, *a* y *b,* dos veces. Durante la pausa, marque la respuesta correcta en su cuaderno.

► ¿Cuántos turistas llegaron en el vuelo de Miami?   Usted marca *b.*
a. Es posible que haya muchos turistas en Miami.
b. No sé, es posible que haya setenta y cinco turistas.

	a	b		a	b
1.	____	____	4.	____	____
2.	____	____	5.	____	____
3.	____	____			

Comprensión oral

Actividad 4. ¿Lógica o absurda? Usted va a oír una pregunta y una respuesta dos veces. En su cuaderno, indique si la respuesta es *lógica* o *absurda*.

▶ ¿Qué es muy interesante? Usted marca *lógica*.
  Lo de las elecciones en ese pueblo.

	Lógica	*Absurda*		*Lógica*	*Absurda*
1.	_____	_____	4.	_____	_____
2.	_____	_____	5.	_____	_____
3.	_____	_____	6.	_____	_____

Actividad 5. Usted va a oír una conversación entre dos amigas dos veces. Luego va a oír seis preguntas sobre la conversación. Después de cada pregunta, seleccione la respuesta correcta en su cuaderno.

1. _____ a. Sí, es muy inteligente.
   _____ b. No sabemos si Jorge es inteligente.
   _____ c. No, Jorge no es muy inteligente.

2. _____ a. No, es antipático.
   _____ b. Sí, es muy simpático.
   _____ c. Es como otros muchachos.

3. _____ a. Llamó por teléfono a Bárbara.
   _____ b. No hizo nada especial.
   _____ c. Vino a hablar con Bárbara.

4. _____ a. Habló como cualquier muchacho.
   _____ b. Habló una hora.
   _____ c. No dijo nada interesante.

5. _____ a. Quiso llamar por teléfono.
   _____ b. Quiere salir con Bárbara.
   _____ c. Quiere ser muy persistente.

6. _____ a. Le aconseja que no hable más con él.
   _____ b. Le aconseja que no salga con él.
   _____ c. Le aconseja que salga una vez solamente.

Dictado

Actividad 6. Usted va a oír dos veces las notas que tomó un estudiante en una conferencia de antropología. Escríbalas en su cuaderno. Después pare la cinta y escriba las notas en oraciones completas.

Notas

1. _____
2. _____
3. _____
4. _____
5. _____

Oraciones completas

1. _____
2. _____
3. _____
4. _____
5. _____

Lección 16
En Costa Rica

I. Comprensión

A. Después de leer el diálogo *La estación biológica de Monteverde,* escriba el nombre de la persona o personas (Alicia, Pedro o Lorenzo) a quien se refieren las siguientes oraciones.

▶ estudiante costarricense que estudia y practica en la estación: _____*Alicia*_____

1. personas que llegan a la estación: _____

2. biólogo de la estación: _____

3. nuevo estudiante en la estación: _____

4. sacó fotos de un quetzal: _____

5. compró las películas que quería Alicia: _____

6. tienen que reunirse para discutir sobre las
   clasificaciones de mariposas: _____

7. le enseña la estación a Lorenzo: _____

8. quiere aprender sobre la preservación del ambiente: _____

9. le gusta la estación y el trabajo que hace allí: _____

II. Estudio de palabras

B. Complete las siguientes descripciones imaginarias de un libro de ciencias naturales. Escoja las palabras apropiadas entre las que aparecen en paréntesis.

1. Las mariposas están entre los grupos de ____ _____ más numerosos, con más de 100.000

   _____. Sus bellos colores y la gran _____ de especies las hacen muy

   populares con los coleccionistas.

   (especies–pájaros–insectos–variedad–organización)

2. El cocodrilo es un reptil muy _____; vive en los ríos del trópico desde hace miles de

   años. Sin embargo, conocemos muy poco sobre los _____ de este animal. Muchos

   expertos están _____, porque piensan que el hábitat del cocodrilo puede

   _____ antes del año 2000. Es necesario _____ a estos animales y a

   su _____ si no queremos perder la oportunidad de estudiar esta especie en su hábitat

   _____.

   (natural–civilizado–proteger–hábitos–fotografiar–desaparecer–primitivo–preocupados–medio ambiente)

3. El perro es probablemente el más conocido de todos los animales domésticos. Muchos

_____ creen que el perro fue el primer animal domesticado por el ser humano. Desde

los primeros tiempos, el perro _____ sus servicios al hombre, por ejemplo en la caza

(hunting) cuando el hombre vive en _____. También protege a la familia

_____ del _____ de los animales salvajes como _____

y _____.

(ofrece–el oso–limpia–primitiva–científicos–preocupada–los bosques–peligro–el zorro–la abeja)

C. Complete las siguientes oraciones sobre Emilia y su familia con los números ordinales que correspondan.

► Hoy por la mañana no vi a Emilia. Esta es la *primera* vez que no la veo por la mañana.

1. Mi amiga Emilia está en la escuela conmigo. Estamos en el _____ grado y nos faltan

tres años para terminar la escuela secundaria.

2. Ella tiene dos hermanos, uno mayor y otro menor que ella. A Rodolfo, el mayor, le faltan sólo dos

años para terminar; está en el _____ grado.

3. Su hermanito pequeño, Jorgito, acaba de terminar el kindergarten y va a empezar el

_____ grado.

4. Emilia y yo vivimos también en el mismo edificio. Yo vivo en el octavo piso y ella vive un piso más

abajo *(below)*, en el _____ piso.

5. Un piso más abajo que Emilia, en el _____, vive Rafael. Rafael es el novio de Maruja,

la prima de Emilia.

6. Rafael se enamoró de Maruja desde el _____ día que la vio.

III. Estructuras útiles

D. *Forms of the imperfect.* Mencione algunas cosas que usted y sus amigos hacían cuando estaban en el último año de la escuela secundaria. Use las siguientes sugerencias y termine las oraciones de una forma original.

► nosotros / asistir a conciertos...   *(Nosotros) asistíamos a conciertos [todos los meses].*

1. mi mejor amigo y yo / pensar estudiar...

_____

2. Gabriel / trabajar en...

_____

3. mis amigas / deber regresar a casa...

_____

4. la familia de mi novio/a / ir de vacaciones...

_____

5. yo / salir después de las clases...

_____

6. tú / escribir a universidades...

_____

7. nosotros / leer novelas...

_____

8. todos / referirse a la escuela como...

_____

E. *Imperfect versus preterit.* Cambie al pasado las siguientes narraciones. Use formas del pretérito o del imperfecto, según el contexto.

1. Son las nueve de la mañana cuando el avión llega a Madrid. Hace un día estupendo y la ciudad empieza a despertarse: hay taxis y autobuses por todas partes. Busco mis maletas. Están todas menos una, una pequeña maleta de mano que siempre llevo. Pregunto a todo el mundo. Por fin, miro a mi mano derecha y...bueno, ¡allí está!

_____

_____

_____

_____

2. Es por la mañana temprano. Como de costumbre, salgo de mi casa. Compro un periódico. ¡Qué sorpresa! En la primera página está mi foto. Debajo de la foto hay una frase que dice "¡Feliz Cumpleaños!" Es una broma *(joke)* de mis amigos.

_____

_____

_____

_____

F. *Imperfect versus preterit.* Esta página del diario de un amigo no tiene los verbos. Complétela con las formas correctas del pretérito o del imperfecto, según el contexto.

Viernes 18 de abril:

Hoy (yo) _____ (pasar) un día muy felíz. Cuando (yo) _____ (salir) de

mi casa, (yo) _____ (ver) a mi amiga Lucrecia. Ella me _____ (decir) que

(ella) _____ (tener) una buena noticia para mí: _____ (haber) un trabajo en

la Compañía Esqueira, donde (yo) _____ (querer) trabajar desde el año pasado.

(Yo) le _____ (dar) las gracias a Lucrecia y nosotros _____ (caminar)

hasta la oficina de empleos de Esqueira. (Yo) _____ (completar) los papeles necesarios y

ellos me _____ (decir) que (yo) _____ (poder) empezar el lunes 21 de

abril. ¡Qué suerte!

G. *Long forms of possessive adjectives.* Vuelva a escribir las siguientes oraciones poniendo los adjetivos posesivos después del sustantivo.

► Tu carro es muy antiguo.   *El carro tuyo es muy antiguo.*

1. Mis amigas me quieren. _____

2. Nuestra profesora es española. _____

3. Sus perros son muy bonitos. _____

4. Tu blusa tiene un color muy brillante. _____

5. ¿Quién encontró tu cámara? _____

6. Aquí están mis libros. _____

7. Nuestros vecinos asistieron al concierto. _____

8. ¿No saben dónde pusieron sus abrigos? _____

H. *Possessive pronouns.* Usted y sus dos compañeros/as de cuarto acaban de regresar de un viaje y ahora abren sus maletas. Ustedes pusieron sus cosas en distintas maletas y ahora tratan de encontrarlas. Conteste las preguntas libremente, usando pronombres posesivos.

► ¿De quién es esta cámara, tuya?   *Sí, creo que es mía. (No, es tuya, la mía está aquí.)*

1. ¿Tienes mis zapatos?

_____

2. ¿Vieron ustedes mis revistas en alguna maleta?

_____

3. ¿Están ahí las gafas de Julia (Raúl)?

_____

4. ¿Es de Raúl (María) esta camisa?

_____

5. Raúl (María), no encuentro nuestro dinero, ¿lo tienes tú?

_____

6. Éste es tu radio, ¿no?

_____

IV. Composición

I. Cuente lo que pasó el primer día que llegó a la universidad. Diga lo que tuvo que hacer, adónde fue, a quién conoció, cómo se sentía, qué pensaba, etc. (75 palabras)

_____

_____

_____

_____

J. Escriba unas 75 palabras sobre alguna de sus visitas a un zoológico. Describa brevemente los animales que más le interesaron. (Opcional: Puede buscar datos sobre esos animales en una enciclopedia en español.)

_____

_____

_____

_____

_____

¿Recuerda usted?

Subjunctive versus indicative. Usted oye una afirmación que le interesa personalmente. Reaccione usando una de las expresiones de la lista y el presente del indicativo o del subjuntivo, según el contexto.

(no) dudo que...   (no) niego que...   (no) creo que...
(no) es cierto que...   (no) estoy seguro/a de que...

► Los precios de la comida están muy altos.   *[Dudo que] estén muy altos. ([Es cierto que] están muy altos.)*

1. El profesor dice la fecha y hora del examen final esta tarde.

   _____

2. Hay muchas oportunidades de empleo en la capital.

   _____

3. Gloria tiene muchos problemas.

   _____

4. Los padres de Margarita quieren ayudarla.

   _____

5. Hace muy buen tiempo durante el verano.

   _____

6. El Partido Liberal elige al nuevo presidente este año.

   _____

7. Los delegados discuten las nuevas regulaciones.

   _____

8. Ya no quedan entradas para la función.

   _____

Personal **a.** Complete las siguientes oraciones con la preposición **a,** si es necesario.

► El señor López practica _____ el alpinismo todos los meses.

1. Esperábamos _____ los médicos.

2. Yo miraba _____ la televisión.

3. Necesitan _____ un buen médico.

4. El detective investigaba _____ Sandra.

5. ¿Tú visitabas _____ los museos cuando ibas a la capital?

6. Ayer pude observar _____ los artesanos en el centro.

7. No conocíamos _____ nadie cuando llegamos; ahora conocemos _____ todo el mundo.

8. Antes veíamos _____ Catalina frecuentemente.

Lección 16
Actividades de laboratorio

Estudio de palabras

Actividad 1. Usted va a oír seis preguntas dos veces. Después de cada pregunta, seleccione la mejor respuesta, *a, b* o *c,* en su cuaderno.

▶ ¿Cómo se llaman las plantas de una región?   _____ a. el correo   ✔ b. la flora   _____ c. la selva

a	*b*	*c*
1. _____ insectos	_____ una cama	_____ un bosque
2. _____ amplia	_____ mía	_____ preocupada
3. _____ el correo	_____ la variedad	_____ la selva
4. _____ Protegió el oso.	_____ Ofreció mucho.	_____ Se dañó.
5. _____ arreglar la comida	_____ ofrecer la comida	_____ limpiar la cocina
6. _____ mía	_____ preocupada	_____ situada

Estructuras útiles

Actividad 2. Usted va a oír dos veces ocho oraciones con verbos en el imperfecto expresando acción en el pasado. En su cuaderno, indique el significado general de cada oración, *a, b, c* o *d.*

▶ Lola miraba las fotos.   Usted marca *a, acción en progreso.*

a Acción en progreso	*b* Acción habitual	*c* Descripción de un evento	*d* Expresión de hora o edad
1. _____	_____	_____	_____
2. _____	_____	_____	_____
3. _____	_____	_____	_____
4. _____	_____	_____	_____
5. _____	_____	_____	_____
6. _____	_____	_____	_____
7. _____	_____	_____	_____
8. _____	_____	_____	_____

Actividad 3. Usted va a oír una pregunta. Después va a oír dos respuestas correctas dos veces. En su cuaderno, indique si las dos respuestas son *iguales* o *diferentes* en significado.

► ¿De quién son estos discos?   Usted marca *iguales*.
  a. De Rafael; son suyos.
  b. Son los discos de Rafael.

Iguales	*Diferentes*		*Iguales*	*Diferentes*
1. _____	_____	4. _____	_____
2. _____	_____	5. _____	_____
3. _____	_____		

Comprensión oral

Actividad 4. Usted va a oír dos párrafos cortos dos veces. Después de cada párrafo va a oír dos preguntas. En su cuaderno, seleccione la respuesta correcta, *a, b,* o *c,* para cada pregunta.

Párrafo 1

1. _____ a. El primo quiere darle las suyas.

   _____ b. Ellos las van a comprar.

   _____ c. Alicia le da las suyas.

2. _____ a. Quiere ir al concierto.

   _____ b. Prefiere clasificar sus mariposas.

   _____ c. Prefiere ir con Alicia.

Párrafo 2

1. _____ a. No le gusta visitar el zoológico.

   _____ b. No le gustan los animales.

   _____ c. No le gustan algunos lugares del zoológico.

2. _____ a. Me parecen lugares tristes.

   _____ b. Le parece que están contentos y libres.

   _____ c. Le parecen tristes porque no están en la selva.

Actividad 5. Usted va a oír una noticia de radio dos veces. Algunas palabras son nuevas para usted, pero son fáciles de entender. Escuche la noticia con atención. Después pare la cinta. En su cuaderno, seleccione la oración correcta, *a* o *b,* según la noticia.

1. _____ a. Hace más de un mes que no hay agua en Caracas.

   _____ b. Hace más de un mes que no llueve en Caracas.

2. _____ a. El gobierno y el administrador del acueducto estudian el problema de la falta de lluvias.

   _____ b. Un grupo de expertos en ecología estudia el problema de la falta de lluvias.

3. _____ a. El gobierno quiere resolver el problema con racionamiento.

   _____ b. El gobierno quiere resolver el problema con lluvias artificiales.

4. _____ a. Esperan que haya racionamiento por mucho tiempo.

   _____ b. El racionamiento va a mantenerse por dos meses.

5. _____ a. Es posible que llueva en los próximos dos meses.

   _____ b. Los expertos no creen que la situación mejore.

Dictado

Actividad 6. Usted va a oír un telegrama dos veces. En su cuaderno, escriba lo que oye. Después, pare la cinta y escriba el telegrama en oraciones completas no "telegráficas".

Dictado

1. _____

2. _____

3. _____

4. _____

Oraciones completas

1. _____

2. _____

_____

3. _____

4. _____

Lección 17
En la República Dominicana

I. Comprensión

A. Después de leer *La Voz de los Jóvenes* en su libro, dé la siguiente información sobre la lectura.

1. Nombre del autor de la carta: _____

2. Edad *(Age)* del joven: _____

3. Lugar donde trabaja: _____

4. Hora a la que debe levantarse: _____

5. Distancia entre la casa y la refinería: _____

6. Razón por la que no puede desayunar por las mañanas: _____

   _____

7. Cosas que le dice el jefe cuando llega tarde: _____

8. Lo que le pasó esta mañana mientras trabajaba: _____

9. Razón por la que quiere ganar el radiorreloj: _____

   _____

II. Estudio de palabras

B. Imagínese que usted es uno de los radioyentes de la Estación Musical 56. Usted escuchó parte del programa «Entendámonos» y ahora llama por teléfono para obtener más detalles sobre el concurso. Complete el diálogo con las palabras apropiadas de la lista.

dirigirse	el dueño	el radiorreloj	me pongo a
el radioprograma	explicando	a través	enseñar
seguro/a	gana la vida	a menudo	corriendo

Estación: Buenos días, Estación Musical 56.

  Usted: Buenos días. Yo escucho _____ «¡Entendámonos!» _____,

   y estoy interesado/a en el concurso para ganar _____. ¿Puede darme más

   información?

Estación: ¡Cómo no! El programa ofrece el premio al joven o la joven que escriba la mejor carta

   _____ por qué piensa que debe ganarlo. Usted puede _____

   a la estación y decir cómo se _____, y por qué necesita el radiorreloj.

  Usted: Muchas gracias. (Yo) _____ escribir la carta ahora mismo, y estoy

   _____ de que voy a ganar el premio…

C. ¿De qué materiales pueden ser los siguientes artículos? Indique los tres materiales más comunes para cada uno.

1. una corbata: _____

2. unos pantalones: _____

3. una silla: _____

4. un vestido: _____

5. un vaso: _____

6. una casa: _____

III. Estructuras útiles

D. **Usted-** *and* **ustedes-***commands.* ¿Qué indicaciones o consejos le pueden dar a usted las personas mencionadas en las siguientes situaciones? Use formas del imperativo con **usted** o **ustedes,** según el contexto.

▶ Usted no quiere asistir a su graduación, pero
su profesor quiere que usted asista. Él le dice: *Asista a su graduación, por favor.*

1. Usted y sus amigos toman mucha cerveza, pero su amigo Carlos piensa que eso es malo. Él les aconseja:

_____

2. Usted no contesta mucho en la clase, y su profesor le dice: _____

_____

3. Usted y un/a amigo/a discuten demasiado sobre política; su novio/a les pide: _____

_____

4. Usted quiere sacar una fotografía en un teatro, pero el empleado le dice: _____

_____

5. Usted y unos amigos/as no quieren participar en una actividad de la clase, y su profesor/a trata de

convencerlos/as: _____

_____

6. Usted quiere ir de vacaciones a la República Dominicana, pero su agente de viajes piensa que en Puerto

Rico hay más cosas que hacer. Él/Ella le recomienda: _____

_____

E. **Nosotros-***commands.* Usted y un/a amigo/a están de visita en una ciudad nueva e interesante. Su amigo/a le propone hacer algunas cosas. Usted le contesta afirmativa o negativamente, usando formas del imperativo con **nosotros** y pronombres de objeto directo o indirecto en sus respuestas, si es posible.

▶ ¿Qué te parece si compramos estas tarjetas postales?   *Sí, comprémoslas [ahora mismo]. (No, no las compremos [ahora; comprémoslas más tarde.])*

1. ¿Quieres entrar en este museo?

_____

2. ¿Qué te parece si descansamos un poco?

_____

3. ¿Comemos en este restaurante?

_____

4. ¿Tomamos el metro?

_____

5. ¿Quieres ver esa película?

_____

6. ¿Vamos a esa discoteca esta noche?

_____

F. *Reflexive constructions with a reciprocal meaning.* Relaciones humanas. Usted y sus amigos tienen algunos conflictos. Su hermano/a mayor le aconseja y le hace algunas preguntas o comentarios. Contéstele imaginativamente, usando formas recíprocas del verbo.

► Su hermano/a: Tú debes ayudar a tu amigo/a.
   Usted: *[Es verdad, no nos ayudamos nunca.]*

1. Su hermano/a: Ustedes necesitan comprenderse más.

   Usted: _____

2. Su hermano/a: ¿Tu amigo Roberto nunca saluda a Luisa?

   Usted: _____

3. Su hermano/a: Tú nunca vas a ver a tus amigos.

   Usted: _____

4. Su hermano/a: ¿Se escriben ustedes a menudo?

   Usted: _____

5. Su hermano/a: Debes hablarle la próxima vez que lo/a veas.

   Usted: _____

G. *More on reflexive constructions.* Cosas que pasan. Complete la siguiente narración sobre un día problemático, usando los verbos apropiados de la lista. Dé el infinitivo, el presente o el pretérito de cada verbo, según el contexto.

caerse	despertarse	subirse	morirse
dormirse	irse	levantarse	quedarse

El sábado fue un día desastroso... Para empezar, la noche del viernes no _____ hasta

las tres de la mañana. Pensaba que iba a poder dormir hasta el mediodía, pero olvidé que los obreros

venían a arreglar el techo de mi casa. Llegaron a las ocho y claro, _____ cuando

empezaron a trabajar. Después, cuando finalmente _____, uno de los obreros

_____ de la escalera y tuvimos que ayudarlo. Yo por poco _____ del

susto *(fright)*, pero tuvimos suerte y no le pasó nada.

El único problema es que después de eso ninguno de los obreros quiso _____ más al

techo, pues me dijeron que mi casa es peligrosa... Ellos _____ temprano y yo

_____ en la casa bastante enojada. ¡No sé para qué _____ el sábado!

H. *Imperfect and preterit of* **conocer, saber, querer,** *and* **poder.** Complete la siguiente carta con las formas apropiadas de los verbos en el pretérito o imperfecto, según el contexto.

Querida Eloísa:

_____ (Quise - Quería) escibirte ayer pero no _____ (pude - podía) porque tuve muchas cosas que hacer. En primer lugar, voy a decirte que (yo) no _____ (supe - sabía) que tu hermano Miguel se iba a casar en febrero con Lupita Álvarez.

(Yo) _____ (conocí - conocía) a Lupita en una fiesta que diste para celebrar el cumpleaños de Miguel. ¿Fue allí donde ellos se _____ (conocieron - conocían) o ya se _____ (conocieron - conocían) de la escuela? Carmencita, tu prima, me dio la noticia de la boda. Cuando me lo dijo, (yo) no _____ (pude - podía) creerlo.

(Yo) _____ (supe - sabía) también por ella que tú sales ahora con Alberto, el militar. ¿Hay algo formal entre ustedes? No dejes de contarme…

Tu amiga,
Clara Aurora

I. *Verbs followed by* **a** *or* **de** + *infinitive.* Escriba cinco oraciones en el presente o en el pasado combinando elementos de cada columna. No olvide dar la forma correcta del verbo en la columna B.

A	B	C	D	E
El director	ir	a	bañarse	de la oficina
Nosotros	decidirse	de	regresar	en casa
Ustedes	terminar		preparar	en esa universidad
Yo	empezar		ver	temprano
Las empleadas	acabar		estudiar	los informes
Tú	arrepentirse		salir	la película española

► *El director termina (terminó) de preparar los informes.*

1. _____
2. _____
3. _____
4. _____
5. _____

IV. Composición

J. Imagínese que unos amigos suyos de Colombia quieren que usted les enseñe cómo hacer hamburguesas. Usted tiene la lista de los ingredientes y ahora les tiene que dar las instrucciones de cómo prepararlas. Use los verbos de la lista como guía.

Ingredientes

			Verbos útiles	
carne de res molida	lechuga	salsa de tomate	preparar	poner
aceite vegetal	tomate	mayonesa	comprar	cortar en rebanadas *(slice)*
sal y pimienta	cebolla	pan	cocinar	
			servir	

Compre los ingredientes necesarios. Después. . . _____

_____

_____

K. Imagínese que Rafael de los Santos ganó el concurso del radioprograma "La Voz de los Jóvenes." Ahora Rafael escribe una carta a La Estación Musical 56 para dar las gracias por el premio. Siga las siguientes sugerencias para escribirla.

(Fecha) _____

(Nombre de la Estación) _____

(Lugar) _____

(Saludo) _____ :

Quiero _____

_____

El radiorreloj me va a permitir _____

_____

Cuando recibí la carta de ustedes, _____

_____

Me alegro _____

Atentamente,

_____

¿Recuerda usted?

Direct- and indirect-object pronouns. Mini-diálogos útiles. Conteste las siguientes preguntas imaginativamente, usando pronombres para expresar los objetos directo o indirecto.

► *En el restaurante*

Camarero: ¿Les traigo vino?
    Usted: *Sí, [tráiganos vino.] (No, [no queremos que nos traiga vino, queremos agua.])*

1. *En la oficina*

    Secretaria: ¿Quién les pagó a ustedes hoy?

    Usted: _____

2. *En la tienda de ropa*

    Empleado: ¿Quiere estas camisas azules?

    Usted: _____

3. *En el autobús*

    El chofer: ¿Necesita una transferencia?

    Usted: _____

4. *En la oficina de empleos de una compañía*

    Empleado: ¿Dónde tiene el diploma?

    Usted: _____

5. *En el restaurante*

      Camarero: ¿Cómo quiere la ensalada, con aceite y sal?

          Usted: _____

6. *En el hospital*

      Enfermera: ¿Quién lo/la mandó aquí?

          Usted: _____

7. *En la pescadería*

      Pescadero: ¿Quiere llevar este magnífico lenguado?

          Usted: _____

8. *En el dormitorio*

      Compañero/a: ¿A quién le escribes hoy?

          Usted: _____

Lección 17
Actividades de laboratorio

Pronunciación

Actividad 1. Usted va a oír una narración sobre un artista dos veces. En su cuaderno, escriba la narración con los signos de puntuación indicados.

_____

_____

_____

_____

_____

_____

_____

Estudio de palabras

Actividad 2. Usted va a oír seis oraciones sobre varios objetos. En su cuaderno, indique de qué material está hecho cada objeto.

▶ Me gusta esa camisa blanca de verano.   ✔ a. algodón _____ b. lana

	a	*b*			*a*	*b*	
1.	_____ adobe	_____ madera		4.	_____ plata	_____ dril
2.	_____ seda	_____ plástico		5.	_____ cuero	_____ cobre
3.	_____ oro	_____ lino		6.	_____ ladrillo	_____ adobe

Actividad 3. Usted va a oír una oración incompleta dos veces. En su cuaderno, marque la mejor conclusión, *a, b* o *c*.

▶ Mi jefe es muy...   _____ a. musical   ✔ b. estricto   _____ c. azucarero

	a	*b*	*c*
1.	_____ a pesar de	_____ a veces	_____ a través de
2.	_____ dedicar	_____ desayunar	_____ descansar
3.	_____ al despertador	_____ a la central	_____ a la juventud
4.	_____ ganarse la vida	_____ morirse de hambre	_____ ponerse a trabajar
5.	_____ despertador	_____ dueño	_____ premio
6.	_____ atrevo	_____ dejo de estudiar	_____ pongo a trabajar

Estructuras útiles

Actividad 4. Usted va a oír un diálogo dos veces. Después, pare la cinta. En su cuaderno, indique si la oración es *correcta* o *incorrecta,* según el diálogo. Si la información no está en el diálogo, marque *no está.*

	Correcta	Incorrecta	No está
1. Diego habló mucho tiempo con Gustavo.	_____	_____	_____
2. Cuando Diego estaba en el colegio, hablaba mucho tiempo por teléfono.	_____	_____	_____
3. El director de la escuela no quería hablar con Diego.	_____	_____	_____
4. Diego y Luisa hablaron por teléfono mucho tiempo ayer.	_____	_____	_____
5. Luisa es la prima de Diego.	_____	_____	_____

Comprensión oral

Actividad 5. Usted va a oír un mandato dos veces. En su cuaderno, seleccione la respuesta correcta, *a* o *b*.

► No escriba en esta mesa.   _____ a. Usted nunca escribe en la mesa.
      ✔ b. Muy bien. ¿Dónde puedo escribir?

a	*b*
1. _____ Sí, los voy a llevar.	_____ Sí, los llevé.
2. _____ ¿Por qué? Ya entraron sus primos.	_____ ¿Por qué? No quiero entrar.
3. _____ Sí, yo la cuento.	_____ Ya la pagué.
4. _____ Está bien, señor.	_____ Sí, es verdad. Aquí hay muchas fotos.
5. _____ No me gustan los rojos.	_____ No me gusta esa corbata.
6. _____ ¿Cuál prefiere?	_____ Sí, yo tengo varias revistas españolas.

Actividad 6. Usted va a oír una narración dos veces. Mientras usted escucha la narración, escriba la información indicada en su cuaderno.

1. Día de la semana: _____

2. Programa de la televisión: _____

3. Equipos que jugaban: _____

4. Cuándo empezó el juego: _____

5. Canal, número: _____

6. Por qué no vio el juego: _____

7. Quién le dio los resultados del juego: _____

Lección 18
En Cuba

I. Comprensión

A. Después de leer el diálogo titulado *Una entrevista* en su texto, seleccione las respuestas que contesten correctamente las siguientes preguntas. Más de una opción puede ser correcta.

1. ¿De dónde es Andrés Romero?

   (a)_____ Es de México.   (b)_____ Es de La Habana.   (c)_____ Es cubano.   (d)_____ Es periodista.

2. ¿Quién es Ángela Molina?

   (a)_____ Es una joven periodista cubana.   (b)_____ Es una esgrimista cubana.   (c)_____ Es una campeona de Cuba.   (d)_____ Es entrenadora de atletas.

3. ¿Cómo se siente Ángela Molina?

   (a)_____ Está lista para participar en las competencias.   (b)_____ Está un poco nerviosa por la competencia mañana.   (c)_____ Está fuera de forma.   (d)_____ Está cansada y aburrida.

4. ¿Qué quieren todos los aficionados?

   (a)_____ Quieren participar en la competencia de esgrima.   (b)_____ Quieren que Ángela tenga éxito.   (c)_____ Quieren que Ángela los desilusione.   (d)_____ Quieren ver a Ángela participar en la competencia.

5. ¿Por qué tienen tanto éxito los atletas cubanos?

   (a)_____ Porque los aficionados no están interesados en los deportes.   (b)_____ Porque el clima en Cuba es muy bueno y les permite entrenarse todo el año al aire libre.   (c)_____ Porque tienen buenas instalaciones deportivas.   (d)_____ Porque el gobierno fomenta el atletismo y ayuda a los atletas.

6. ¿Qué piensa hacer Ángela cuando ya no practique los deportes activamente?

   (a)_____ Piensa entrenar a otros atletas.   (b)_____ Piensa dedicarse al periodismo.   (c)_____ Piensa dejar los deportes.   (d)_____ Piensa enseñar en una escuela al aire libre.

II. Estudio de palabras

B. Andrés Ramos, el periodista mexicano, escribió el siguiente artículo para presentar la entrevista con Ángela Molina. Complételo con las palabras apropiadas.

Una visita a _____ (los demás - las instalaciones deportivas - los periodistas extranjeros) donde se entrenan _____ (los espectadores - los juegos - los atletas) cubanos es una experiencia muy interesante para las personas que no están _____ (en forma - en absoluto - acostumbradas) a observar el atletismo en un país de ideología marxista. En estos países el deporte se toma con gran _____ (seriedad - derrota - triunfo). Los atletas tienen _____ (una razón - un sinnúmero - una esgrima) de oportunidades, y pueden dedicarse casi constantemente a _____ (construirse - acostumbrarse - entrenarse), ya que el gobierno paga sus gastos *(expenses)*.

Los espectadores _____ (dejan - pertenecen - animan) a los atletas y éstos desarrollan un alto _____ (juego - espíritu - campeonato) de competencia para no _____ (desilusionar - animar - entrenar) al público.

C. Crónica deportiva. Lea los siguientes párrafos de distintas crónicas deportivas y seleccione el deporte que describe cada uno.

1. Finalmente entró el primer atleta al estadio en su bicicleta. Venía cansado pero contento por el triunfo que era casi suyo.

   a. _____ el jai alai   b. _____ la equitación   c. _____ el ciclismo

2. Después de completar los obstáculos con gran elegancia, el caballo pasó frente al público que aplaudía.

   a. _____ la equitación   b. _____ la pelota   c. _____ el fútbol

3. Cuando el Real Madrid marcó el primer gol, los espectadores se animaron.

   a. _____ la pelota   b. _____ el fútbol   c. _____ el baloncesto

4. Los jugadores vascos entraron al frontón con sus cestas *(baskets)* en la mano.

   a. _____ el baloncesto   b. _____ el voleibol   c. _____ el jai alai

5. Los miércoles por la noche el grupo de la fábrica de coches llega temprano a la bolera y practica antes de la competencia.

   a. _____ los bolos   b. _____ la esgrima   c. _____ la pelota

6. El bateador llegó a segunda base con una línea sobre tercera base.

   a. _____ el baloncesto   b. _____ el béisbol   c. _____ la equitación

III. Estructuras útiles

D. *Review of the present subjunctive in noun clauses.* Complete libremente las reacciones a los siguientes comentarios. Use el presente del subjuntivo de los verbos indicados en sus oraciones.

▶ —No quiero *ir* hoy al dentista.   —Es mejor que *vayas [porque estás muy mal].*

1. —Tu hermanito ya *tomó* dos gaseosas y quiere tomar otra.

   —No me gusta que _____

2. —Elsa te va a *traer* los libros mañana.

   —Espero que _____

3. — Nosotros no podemos *salir* esta noche.

— Es una lástima que_____

4. — Quiero *preparar* una fiesta para mi prima Lucía.

— Ojalá que _____

5. — ¿Vas a *vender* el televisor que compraste la semana pasada? ¡No puedo creerlo!

— Es necesario que _____

6. — Mis hermanos quieren estudiar en esta universidad pero no saben si los van a *aceptar.*

— Ojalá que_____

7. — Ya mi mamá *está* bien.

— Me alegro de que_____

8. ¿Sabes si Ramón *tiene* los periódicos que necesito?

— Dudo mucho que_____

E. *Indicative versus subjunctive in adjective clauses.* Complete las siguientes oraciones con la forma correcta de uno de los infinitivos que se dan entre paréntesis. Decida entre el indicativo o el subjuntivo, según el contexto.

► Queremos la casa que *tiene* piscina.   (haber - tener - estar)

1. Aquí no hay ningún empleado que _____ ayudarnos a completar este cuestionario. (empezar - querer - decir)

2. Tenemos un perro que _____ mucho con los niños.   (jugar - saber - poder)

3. Mis padres conocen a un médico que _____ en ese hospital.   (participar - trabajar - ser)

4. En mi oficina no hay nadie que _____ hablar ruso.   (conocer - estudiar - saber)

5. Mis tíos buscan una casa que _____ en el centro de la ciudad. (ser - vivir - estar)

6. Aquí en este pueblo hay un banco que _____ cheques de viajeros *(travelers' checks).* (comprar - vender - escribir)

7. Toda persona necesita amigos que _____ sinceros y simpáticos.   (ser - estar - querer)

8. Yo siempre veo las películas que _____ en la televisión.   (dar - vender - ver)

F. *Indicative versus subjunctive in adverbial clauses.* Preguntas y respuestas. Complete libremente las respuestas a las siguientes preguntas, usando verbos en el indicativo o el subjuntivo, según el contexto.

► — ¿Cuándo vamos a empezar?   — Podemos empezar ahora que *[estamos aquí].*

1. — ¿Vas a traer el postre?

— Sí, lo voy a traer a menos que _____

2. ¿Por qué te acuestas si no tienes sueño?

— Me voy a acostar aunque _____

3. — ¿Cuándo vas a llamar a tu jefa?

— La voy a llamar cuando _____

4. — ¿Para qué trabajas tanto?

— Trabajo tanto para que _____

5. — ¿Cuándo empezaste a tomar vitaminas?

   — Empecé a tomarlas desde que _____

6. — ¿Vas a volver a casa temprano?

   — Sí, con tal que _____

7. — ¿Hasta cuándo vas a leer?

   — Voy a leer hasta que _____

8. ¿Cuándo te fuiste de la oficina?

   — Me fui después de que _____

G. *Position of two object pronouns*. Complete las siguientes oraciones con las formas apropiadas de los pronombres de objeto directo e indirecto.

► Aquí están los discos pero no *te los* doy a ti porque voy a escuchar*los* ahora.

1. Vi un suéter de lana muy bonito y _____ _____ compré a Amalia porque a ella _____ gustan los suéteres de lana.

2. Hoy llega un barco de Panamá; _____ _____ dijo a nosotros el inspector de aduana.

3. ¿Las entradas? _____ _____ di a usted ayer y usted _____ puso en la billetera.

4. Acabo de recibir una carta y _____ _____ quiero leer a ti pero no quiero enseñar_____ _____ a mi tía Rosa.

5. No entiendo esos problemas y no sé quién va a explicár_____ _____.

6. Yo sé que necesitas el dinero que te prometí, pero ahora no puedo dár_____ _____ porque no _____ tengo.

7. Necesito que alguien _____ prepare estos documentos a mi hermana, pero no sé quién _____ _____ pueda preparar.

8. Ella compró esos regalos para nosotros y no sabe cómo va a dár_____ _____.

IV. Composición

H. Escriba un párrafo de 75 palabras sobre los deportes que usted practica o ve como espectador/a en el estadio o en la televisión. Diga cuál le gusta más, cuál no le gusta y explique por qué.

_____

_____

_____

_____

_____

I. Imagínese que usted es el/la entrevistador/a de estrellas de cine de un periódico o revista. Prepare cinco preguntas para la estrella (imaginaria o real) que usted tiene que entrevistar. Escriba también las respuestas posibles de "su" estrella.

1. _____

   _____

2. _____

   _____

3. _____

   _____

4. _____

   _____

5. _____

   _____

¿Recuerda usted?

Ser *and* **estar** *in contrast.* Complete las siguientes oraciones con las formas apropiadas de **ser** o **estar**. Los verbos pueden estar en el presente o en el pasado, en el indicativo o el subjuntivo.

► *Es* importante que usted *esté* aquí hoy a las doce.

1. Cuando vivíamos en ese pueblo, mi padre _____ médico y tenía una clínica que

   _____ cerca de la plaza mayor.

2. Nuestros padres no quieren que nosotros _____ egoístas.

3. (Yo) _____ seguro de que Paulina _____ una excelente abogada.

4. ¿_____ cierto que tú _____ hermano de Víctor?

5. No puedo creer que tú _____ la misma persona que _____ ayer en la fiesta

   de Yolanda.

6. Esas chicas que _____ allí _____ muy bonitas y también

   _____ muy inteligentes.

7. Acepto que las ideas del doctor Duarte _____ muy tradicionales, pero creo que ayer él no

   _____ muy tradicional en su conferencia.

8. Me alegro de que ustedes no _____ muy ocupados esta noche. _____

   sábado y podemos ir a algún lugar interesante.

Gustar *and verbs like* **gustar.** Complete las siguientes oraciones con verbos de la lista. Dé la forma correcta del verbo y un pronombre personal apropiado (**me, te, le, nos, les**) para cada oración.

doler   gustar   interesar   molestar
quedar   encantar   faltar

► A mí *me molesta* oír ese tipo de música. Es demasiado monótona.

1. A nosotros ____ _____ las ciencias y por eso las estudiamos más.

2. ¿Qué haces cuando ____ _____ los dientes? ¿Vas al dentista?

3. No ____ _____ más exámenes. Hoy tomé el último.

4. ¿Dices que ____ _____ la ciudad de Madrid?

5. A ustedes ____ _____ diez dólares para poder pagar la cuenta.

6. ¿A ti ____ _____ comer en ese restaurante?

7. Al profesor no ____ _____ que le pregunten.

8. A mí ____ _____ pasear por el campo; lo prefiero a la ciudad.

Lección 18
Actividades de laboratorio

Comprensión

Actividad 1. Usted va a oír seis oraciones sobre la entrevista. En su cuaderno, marque *sí* si la oración es correcta y *no* si es incorrecta, según el diálogo.

	Sí	No			Sí	No
1.	____	____		4.	____	____
2.	____	____		5.	____	____
3.	____	____		6.	____	____

Estudio de palabras

Actividad 2. Usted va a oír una oración. En su cuaderno, marque la palabra, *a, b,* o *c,* que está relacionada con una de las palabras de la oración.

► No me interesa esa película.   ____ a. interior   ____ b. entrega   ✔ c. interés

a	b	c
1. ____ pescadería	____ lado	____ natación
2. ____ empeorar	____ mejor	____ mayor
3. ____ lugar	____ secar	____ lavadora
4. ____ paño	____ entero	____ entrar
5. ____ enfermarse	____ cansadas	____ eterno
6. ____ atender	____ dificultad	____ dividir
7. ____ conferencias	____ particular	____ competitivo
8. ____ siguiente	____ según	____ seguridad

Estructuras útiles

Actividad 3. Usted va a oír una narración breve con una pregunta dos veces. Durante la pausa, seleccione la respuesta más apropiada en su cuaderno.

1. ____ a. Siento que estés mal. ¿Necesitas que haga algo?

   ____ b. Es posible que estés enferma. Me alegro que no sea yo.

2. ____ a. Siento que tenga examen, pero no puede trabajar otro día.

   ____ b. Sí, cómo no. Ojalá que pase el examen.

3. ____ a. Es mejor que estudies para el examen de mañana.

   ____ b. Te prohibo que vayas a jugar mañana.

4. ____ a. Pase. Espero que podamos hablar y evitar la huelga.

   ____ b. Le prohibo que hable con los obreros que están en huelga.

Comprensión oral

Actividad 4. Usted va a oír un breve cuento dramatizado dos veces. Después, pare la cinta. En su cuaderno, indique si la información dada en cada oración es *correcta* o *incorrecta,* según el cuento. Si la información no está en el cuento, marque *no está.*

	Correcta	Incorrecta	No está
1. El secretario del director es muy listo.	_____	_____	_____
2. El director trabaja muy poco todos los días.	_____	_____	_____
3. El secretario no hace nada correctamente.	_____	_____	_____
4. El secretario gana mucho dinero porque tiene mucho talento.	_____	_____	_____
5. El director piensa que su secretario es muy útil.	_____	_____	_____
6. El secretario escribe sus cartas personales en la oficina.	_____	_____	_____
7. El director le da todas las cartas al secretario para que las lea.	_____	_____	_____
8. Si el secretario entiende las cartas, el director cree que todos los empleados las pueden entender.	_____	_____	_____

Dictado

Actividad 5. Usted va a oír una breve narración de cinco oraciones dos veces. La primera vez, escriba la mayor cantidad de palabras posible en su cuaderno. La segunda vez, va a oír las oraciones con pausas para que usted pueda completarlas.

1. _____

_____

2. _____

3. _____

_____

4. _____

_____

5. _____

_____

Lección 19
En México

I. Comprensión

A. Los siguientes grupos de oraciones se refieren a la lectura *¿El pueblo o la ciudad?* Asígnele un número del 1 al 3 a las oraciones dentro de cada grupo, para indicar la secuencia correcta de los eventos.

1. (a) _____ Al principio de estar en la capital, Diego Palmas echaba de menos su pueblo.

   (b) _____ Diego regresa a su pueblo una vez al mes para ver a su novia y a sus padres.

   (c) _____ Diego prefirió ir a la capital a buscar trabajo.

2. (a) _____ Diego nació y se educó en el pueblo de Tlapa.

   (b) _____ Ahora Diego trabaja en una mueblería.

   (c) _____ Diego dejó Tlapa y se fue a buscar empleo.

3. (a) _____ Diego terminó la escuela secundaria en Tlapa.

   (b) _____ Estuvo dos años en la mueblería de su tío Juan.

   (c) _____ Diego no esperaba acostumbrarse a la vida agitada de la ciudad.

4. (a) _____ Diego vive en un cuarto cerca de sus parientes.

   (b) _____ Él piensa casarse con su novia pronto.

   (c) _____ Tlapa, el pueblo donde nació Diego, está a unos cien kilómetros de la ciudad de México.

II. Estudio de palabras

B. El siguiente monólogo interior expresa algunas de las preocupaciones de Diego Palmas durante sus primeros meses en la ciudad. Complete los párrafos con las palabras apropiadas de la lista.

alrededor	fin	natal	esperanza
ambiente	mes	principio	vez
los árboles	gano	la mueblería	suficiente

Al _____ llegué a casa después de trabajar todo el día en _____ . Hoy

siento nostalgia por mi pueblo _____ . Es verdad que ahora _____ más

dinero de lo que ganaba en Tlapa, pero creo que este _____ no es para mí. Prefiero las

flores y _____ de mi querida plaza mayor de Tlapa.

La _____ de volver a Tlapa y a mi novia me da _____ energía para

trabajar y esperar. Cuando voy a Tlapa, una _____ al _____ , y camino

con mi novia _____ de la plaza me siento feliz… ¿Qué puedo hacer?

C. Usted acaba de comprar un nuevo apartamento y sus amigos y amigas lo ayudan a poner los muebles en su lugar. Complete los siguientes mini-diálogos con los muebles apropiados.

► —Ponemos *la cama* en el cuarto, ¿no?
 —Sí, por favor. Esta noche la voy a necesitar para dormir.

1. —¿Ésta es _____ de la sala?
 —Sí, vamos a ponerla en el suelo ahora antes de traer los muebles.

2. —Aquí están _____.
 —Sí, gracias. Son para esas ventanas.

3. —¿Dónde ponemos este _____?
 —Aquí sobre la cómoda, para verme mientras me visto.

4. —¿Qué hacemos con _____?
 —Pongan una a cada lado de la cama.

5. —¡Qué bonito es este _____! ¿Quién lo pintó?
 —Lo hizo el año pasado un amigo mío. Él es muy talentoso.

6. —¿Dónde ponemos esta _____?
 —Pónganla cerca de la cama. Me gusta mecerme en ella mientras leo.

III. Estructuras útiles

D. *The imperfect subjunctive.* Un día en la ciudad usted se encuentra con una amiga de su pueblo, y comentan sobre las últimas noticias. Complete las respuestas con una frase apropiada en el imperfecto del subjuntivo.

► —Dicen que Miguel fue a Argentina el verano pasado.
 —No me sorprende. Esperaba que *fuera a Argentina.*

1. —¿Sabes que Rosa dejó su trabajo en la compañía Nova?

 —Sí, es terrible que _____

2. —Además de dejar su trabajo, Rosa se fue a vivir a la capital.

 —Y me dicen que sus padres le pidieron que no _____

3. —¿Te dijeron que los dueños de la panadería «El Siglo XX» cerraron su negocio después de veinte años?

 —Sí, es una lástima que _____

4. —Y el farmacéutico vendió su farmacia.

 —Bueno, ya todos temían que _____

5. —Ahora tenemos un director muy competente en el hospital.

 —Bueno, ya era hora de que _____

6. —¿Sabes que ahora la autopista del norte pasa muy cerca de nuestro pueblo?

 —¿De verdad? ¡Qué bueno! Era necesario tener una autopista que _____

 _____

7. —¿Te dijeron que se murió la Sra. Torres, la bibliotecaria?

 —Sí, ¡tan joven! Nadie esperaba que _____

8. —¿Sabes que yo conseguí un trabajo aquí en la ciudad?

 —¡Qué bueno! No creía que _____

E. *The impersonal reflexive construction.* Usted oye una noticia o comentario y se lo dice a otra persona de una forma impersonal. Use **se** y el verbo en el presente o en el pasado, según se usa en la oración original.

▶ Nicolás dice que mañana no hay clases.   *Se dice que mañana no hay clases.*
▶ Mis tíos vendieron la casa de la playa.   *Se vendió la casa de la playa.*

1. Tú sabes la verdad del caso.   _____

2. Ester conoce las causas de la crisis económica.   _____

3. Nosotros quisimos complacer a Nidia.   _____

4. Nosotros vivimos bien aquí.   _____

5. Mis compañeros hablan inglés en la clase.   _____

6. Las empleadas organizaron una huelga.   _____

7. (Yo) como bien en la cafetería.   _____

8. El profesor dice que mañana hay un examen.   _____

9. Ustedes creyeron que Mario iba a llegar tarde.   _____

10. Nosotros hablábamos mucho de política.   _____

F. *Relative pronouns.* Combine las dos oraciones que se dan con un pronombre relativo.

▶ Hablé con el ingeniero. El ingeniero no aceptó el proyecto.
   Hablé con el ingeniero que no aceptó el proyecto. (El ingeniero con quien hablé no aceptó el proyecto.)

1. Ésta es la casa. Vimos la casa.

   _____

2. Ésta es la oficina de ese señor. Te hablé de ese señor.

   _____

3. No conozco a las chicas. Mi hermano sale con las chicas.

   _____

4. Aquí viven los primos de Susana. Te presenté a los primos de Susana.

   _____

5. Compré la casa. La casa tenía piscina.

   _____

6. Me gustan esos coches. Fabrican esos coches en Italia.

   _____

G. *Relative pronouns*. Complete las oraciones con uno de los siguientes pronombres relativos: **que, quien, el que, la que, los que** o **las que**.

▶ Necesito el libro en *el que* encontraste esa información.

1. Déme la dirección del médico _____ lo operó.

2. ¿Cómo se llama el periódico para _____ trabaja tu tío?

3. No encuentro los discos _____ me regalaron.

4. Aquí están las revistas de _____ te hablé.

5. Estos sillones son iguales a _____ te mostré ayer.

6. Llené un papel con todos los datos para trabajar en la fábrica _____ abrieron hace un mes.

7. Ésa es la joven con _____ fui al cine anoche.

8. Pablo trabaja en la mueblería en _____ compré este sofá.

H. **¿Qué?** *versus* **¿cuál/es?** Escriba la pregunta que puede dar cada respuesta.

▶ —*¿Qué es un armario?*
   —El armario es un mueble donde se pone la ropa.

1. —¿_____?
   —La capital de España es Madrid.

2. —¿_____?
   —Mis autores favoritos son Jorge Luis Borges y Carlos Fuentes.

3. —¿_____?
   —Un enfermero es una persona que ayuda a un médico en un hospital.

4. —¿_____?
   —La cebolla es un bulbo que se usa para cocinar.

5. —¿_____?
   —Tu habitación es la del primer piso.

6. —¿_____?
   —Un planeta es un astro que gira *(revolves)* alrededor del sol.

IV. Composición

I. Escríbale una carta de unas 100 palabras a un/a amigo/a. Cuéntele cosas de su pueblo o barrio que su amigo/a no sabe por no vivir ya allí.
Sugerencias: (1) Empiece con un saludo afectuoso. (2) Cuéntele una cosa imaginada o real que pasó en su pueblo (un concierto, una fiesta, un nuevo negocio, etc.). (3) Exprese una o dos opiniones sobre lo que cuenta. (4) Hágale algunas preguntas a su amigo/a. (5) Despídase afectuosamente.

_____

_____

_____

_____

_____

_____

¿Recuerda usted?

Imperfect versus preterit. Complete la siguiente narración en el pasado con las formas apropiadas del pretérito o del imperfecto, según el contexto.

Esta mañana _____ (me levanté - me levantaba) a las seis, como de costumbre.

_____ (Me bañé - Me bañaba), _____ (me vestí - me vestía),

_____ (tomé - tomaba) el desayuno y _____ (salí - salía) de casa.

_____ (Fui - Iba) hasta la esquina donde espero el autobús. _____

(Compré - Compraba) el periódico y cuando lo _____ (abrí - abría) para leerlo... ¡qué

sorpresa! ¡En la primera página _____ (estuvo - estaba) mi fotografía!

_____ (Leí - Leía) la noticia que _____ (hubo - había) debajo de la

foto y _____ (me quedé - me quedaba) más sorprendido todavía. La noticia

_____ (dijo - decía):

"El señor Roberto Martínez Frade _____ (desapareció - desaparecía) ayer por la

tarde con más de un millón de dólares que _____ (robó - robaba) del Banco Industrial

donde _____ (trabajó - trabajaba). La policía cree que Martínez y su secretaria Lolita

Guzmán _____ (se dirigieron - se dirigían) hacia una playa de la costa del Pacífico..."

Yo no _____ (pude - podía) creer lo que _____ (leí - leía). Yo

me llamo Roberto Martínez Frade, trabajo en el Banco Industrial y mi secretaria se llama Lolita Guzmán. De

pronto *(All of a sudden),* un policía me _____ (tocó - tocaba) en el hombro y

_____ (me preguntó - me preguntaba): — ¿Es usted Roberto Martínez Frade?

_____ (Me desperté - Me despertaba) con el teléfono en la mano. — ¿Es usted

Roberto Martínez Frade? — ¡Qué pesadilla *(nightmare)*!

Reflexives. Un viaje al pasado. Conteste las siguientes preguntas sobre su pasado, usando formas del imperfecto de los verbos apropiados de la lista.

bañarse	llamarse	quejarse
preocuparse	divertirse	equivocarse
imaginarse	irse	ponerse

► ¿Qué hacías por las mañanas?   *Me levantaba [muy temprano y me iba para la escuela.]*

1. ¿Quién era su mejor amigo/a?

_____

2. ¿Qué hacías después de levantarte?

_____

3. ¿Qué hacían los muchachos cuando la comida de la cafetería era mala?

_____

4. ¿Qué pasaba cuando tenía exámenes?

_____

5. ¿Qué pensabas de los estudiantes universitarios?

_____

6. ¿Qué hacías los fines de semana?

_____

Lección 19
Actividades de laboratorio

Comprensión

Actividad 1. Usted va a oír seis oraciones sobre la lectura. En su cuaderno, marque *sí* si la oración es correcta y *no* si es incorrecta, según la lectura.

	Sí	*No*			*Sí*	*No*
1.	____	____		4.	____	____
2.	____	____		5.	____	____
3.	____	____		6.	____	____

Estudio de palabras

Actividad 2. Usted va a oír una oración incompleta dos veces. En su cuaderno, marque la palabra o frase, *a, b* o *c,* que mejor complete la oración.

▶ Cuando llegamos a la sala nos sentamos sobre...

_____a. la cómoda   _____b. la cortina   ✔c. la alfombra

	a	*b*	*c*
1.	____el sillón	____la mesa	____el estante
2.	____cuadro	____estante	____sillón
3.	____una cortina	____una mecedora	____una cómoda
4.	____cama	____cómoda	____alfombra
5.	____esa silla	____ese espejo	____ese armario
6.	____el espejo	____el estante	____la mesita de noche

Estructuras útiles

Actividad 3. Usted va a oír ocho oraciones sobre varios eventos. En su cuaderno, indique si la oración se refiere al *presente* o al *futuro inmediato,* o si se refiere al *pasado.*

▶ Me alegré de que ella me llamara.   Usted marca *pasado.*

	Presente o futuro inmediato	*Pasado*			*Presente o futuro inmediato*	*Pasado*
1.	____	____		5.	____	____
2.	____	____		6.	____	____
3.	____	____		7.	____	____
4.	____	____		8.	____	____

Actividad 4. Usted va a oír una oración incompleta dos veces. En su cuaderno, marque la mejor conclusión, *a* o *b*.

▶ Aquí están esas enfermeras...   _____ a. a la que vi.
                                  ✔ b. de las que se dicen tantas cosas buenas.

1. _____ a. que te saludó al entrar.

   _____ b. quien tú conoces.

2. _____ a. a la que vendieron allí.

   _____ b. que venden aquí.

3. _____ a. de quienes recibo los documentos.

   _____ b. para quien trabajo.

4. _____ a. que vimos ayer.

   _____ b. quien vimos ayer.

5. _____ a. en la que trabaja mi tía Fefa.

   _____ b. quien conoce a mi tía Fefa.

6. _____ a. que son bastante grandes.

   _____ b. sin los que no podemos vivir.

Comprensión oral

Actividad 5. Una estación de radio tiene un programa de preguntas y opiniones titulado «Con nuestros radioyentes». Usted va a oír cuatro segmentos de ese programa y después de cada segmento, una pregunta dos veces. Durante la pausa, seleccione la respuesta correcta en su cuaderno.

1. _____ a. Tiene una vida más interesante.

   _____ b. Se fue a la capital y no escribe a nadie.

   _____ c. Encontró un buen trabajo en la ciudad.

2. _____ a. Se queja de que el gobierno tiene precios bajos.

   _____ b. Se queja del precio de los muebles.

   _____ c. Quiere que le den un sofá y dos sillas.

3. _____ a. Era fácil y posible que consiguiera un buen trabajo.

   _____ b. Un puesto en la oficina.

   _____ c. No podía conseguir nada.

4. _____ a. Quiere oír más canciones de su artista favorito, Alberto Montañés.

   _____ b. Quiere oír más canciones nostálgicas.

   _____ c. Quiere oír programas de jóvenes.

Dictado

Actividad 6. Usted va a oír la primera parte de una oración dos veces. En su cuaderno, escriba la primera parte de la oración al lado de la conclusión apropiada, *a* o *b*.

1a. _____ ¿Ésta o ésa?

b. _____ ¿Éste o ése?

2a. _____ decirle lo que pasó.

b. _____ digo lo que pasó.

3a. _____ se vende aquí.

b. _____ se dice nada importante.

4a. _____ esas ciudades misteriosas.

b. _____ que tengo que estudiar chino.

5a. _____ vinieras temprano.

b. _____ vengas temprano.

Lección 20
En México

I. Comprensión

A. Lea en su libro la entrevista con el señor Emiliano López titulada *¿Por qué somos lo que somos?* Luego escoja la frase que complete cada oración correctamente.

1. La Televisión Mexicana organizó una serie de programas sobre el mexicano para que... (a)_____ los hombres y mujeres mexicanos se comprendan mejor a sí mismos. (b)_____ escriban la historia del museo.

2. El Museo Nacional de Antropología se creó y desarrolló para ayudar a los mexicanos... (a)_____ a exhibir artefactos precolombinos. (b)_____ con su preocupación existencial y con su definición de la identidad nacional.

3. La preocupación existencial del mexicano se debe a... (a)_____ su pasado histórico y a la obra de artistas y escritores. (b)_____ las exhibiciones que presenta el Museo de Antropología.

4. Los artistas y los escritores mexicanos de este siglo... (a)_____ ayudaron a despertar la conciencia nacional. (b)_____ contribuyeron a fundar el museo.

5. Las tres fuerzas históricas y sociales que más contribuyeron a la creación del México moderno son... (a)_____ Rivera, Orozco y Octavio Paz. (b)_____ las culturas indias, la influencia europea y la influencia norteamericana.

6. Los aztecas, los toltecas y los mayas son... (a)_____ las tres culturas indias más importantes que existían en México cuando llegaron los españoles. (b)_____ los nombres de las principales exhibiciones que hay regularmente en el museo.

7. Los objetivos educativos del museo se alcanzarán *(will be reached)* con... (a)_____ visitas frecuentes al museo. (b)_____ programas y exhibiciones especiales en sus salones y en la radio y la televisión.

8. Para terminar se puede decir que el museo es... (a)_____ una colección de artefactos del pasado. (b)_____ una institución educativa, muy dinámica.

II. Estudio de palabras

B. En el primer programa cultural de Televisión Mexicana, el director del Museo Nacional de Antropología dijo el siguiente discurso *(speech)*. Complételo con las palabras apropiadas.

Estimados amigos _____ (radioyentes - televidentes - públicos - antepasados):

Con este primer programa _____ (impresionante - indígena - educativo -

agradecido) de hoy, Televisión Mexicana _____ (contribuye - se detiene - precisa -

recuerda) a crear un proyecto de descubrimiento nacional.

En este _____ (pueblo - punto - salón - programa) podrán ver nuestros

televidentes cómo nacieron las _____ (colecciones - creaciones - raíces - obras) de

nuestro pueblo y de nuestra _____ (impresionante - educativa - histórica -

tecnológica) cultura.

Presentaremos aquí _____ (antepasados - escritores - raíces - documentales)

especiales que ayudarán en la _____ (búsqueda - muestra - raíz - parte) de nuestro

pasado y de _____ (pueblos - nosotros mismos - europeos - mexicanos).

Las cámaras de Televisión Mexicana llevarán a los hogares *(homes)* mexicanos las

_____ (exhibiciones - revoluciones - búsquedas - conquistas) permanentes de los

salones del Museo de Antropología, además de la palabra y la _____ (obra - visita -

teleducación - experiencia) de nuestros artistas y _____ (antepasados - escritores -

pueblos - directores).

_____ (Estoy agradecido - Finalmente - Contribuyo - Recuerdo) profundamente

a Televisión Mexicana por llevar estos programas al _____ (antepasado - público en

general - europeo - indígena).

C. Cuando usted escribe una carta, realiza *(perform)* una serie de operaciones en cierto orden. Asígnele un número del 1 al 13 a las siguientes operaciones, para indicar la secuencia lógica de las acciones.

1. _____ Firmo la carta.

2. _____ Escribo el mensaje de la carta en varios párrafos.

3. _____ Echo la carta al correo.

4. _____ Escribo la dirección y el nombre de la persona a quien escribo.

5. _____ Escribo la fecha y el lugar donde estoy.

6. _____ Voy al buzón.

7. _____ Escribo la expresión de despedida.

8. _____ Tomo el papel de carta y un sobre.

9. _____ Cierro el sobre.

10. _____ Pongo los sellos o estampillas.

11. _____ Tomo el sobre y escribo el remitente.

12. _____ Escribo el saludo.

13. _____ Pongo la carta en el sobre.

III. Estructuras útiles

D. *The future tense.* Diga quién tiene que hacer cada una de las siguientes tareas *(tasks)* domésticas.

► mi hermano y yo / lavar la ropa   *Mi hermano y yo lavaremos la ropa.*

1. tú / preparar el desayuno   _____

2. Leonor / poner la mesa para cenar   _____

3. ustedes / comprar los comestibles   _____

4. yo / hacer las compras   _____

5. nosotros / limpiar la casa   _____

6. mi papá / pagar las cuentas   _____

E. *The future tense.* Su jefa quiere saber si usted u otros empleados ya hicieron ciertas tareas. Contéstele que las harán esta tarde, mañana o la semana próxima, usando pronombres para expresar los objetos directo e indirecto cuando sea posible.

▶ ¿Ya Susana terminó las cartas?   *No, pero las terminará [mañana].*

1. ¿Ustedes pidieron las autorizaciones?

_____

2. ¿Los obreros presentaron sus demandas?

_____

3. ¿Ya vinieron los nuevos empleados?

_____

4. ¿Ustedes terminaron el trabajo?

_____

5. ¿Tú les explicaste las nuevas regulaciones a los coordinadores?

_____

6. ¿Alicia te dio las instrucciones para la procesadora de palabras?

_____

F. *The conditional.* Un/a amigo/a quiere saber si se hizo algo. Explique que la persona sólo dijo que lo haría, pero no lo hizo. Use una forma del pretérito y una del condicional en cada respuesta.

▶ Por fin trajiste el dinero, ¿verdad?   *No, dije que lo traería, pero no lo traje.*

1. Carlos vendió la motocicleta, ¿no?

_____

2. Por fin saliste con Sara, ¿verdad?

_____

3. ¿Es cierto que ustedes comieron esas comidas exóticas?

_____

4. ¿Fuiste al teatro el sábado?

_____

5. ¿Marta hizo el informe?

_____

6. Me compraste las revistas, ¿verdad?

_____

G. *The conditional.* ¿Qué haría usted en los siguientes casos? Reaccione de una forma original usando una forma apropiada en el condicional.

► Usted se siente mal; le duele mucho la cabeza.   *Iría al médico.*
                                                                        Me acostaría.

1. Los estudiantes tienen un examen pasado mañana.

   _____

2. Roberto va a ir a una fiesta esta noche.

   _____

3. Tú quieres ir al cine con un/a amigo/a.

   _____

4. Ustedes necesitan dinero para pagar los libros.

   _____

5. Usted quiere trabajar este verano.

   _____

6. Rosita quiere ir a la discoteca pero no quiere ir sola.

   _____

H. **Ser** *and* **estar** *with adjectives.* Una amiga le hace algunas preguntas, y usted le contesta dando su opinión. Complete las respuestas seleccionando uno de los dos verbos que se dan entre paréntesis.

► —¿Hablaste con Emma?
   —Sí, _es_ muy simpática y me dio saludos para ti.   (es - está)

1. —¿Viste al tío de Ernesto?

   —Sí, lo vi y me sorprendió lo viejo que _____; ¡sólo tiene 40 años y parece que tiene 70!   (es - está)

2. —¿Por qué no saliste en el vuelo de las nueve?

   —Porque el avión _____ lleno.   (era - estaba)

3. —¿Vamos a comer en el Restaurante "Las Brisas"?

   —No, no vayamos allí; _____ un restaurante muy sucio.   (es - está)

4. —¿Qué te pareció el nuevo chico?

   —Me parece simpático, pero creo que no _____ muy listo, porque dijo muchas tonterías. (es - está)

5. —¿Por qué no fuiste a la tienda?

   —Porque _____ muy cansado.   (era - estaba)

6. —¿Salimos con esos chicos que viven en el tercer piso?

   —¿Con los del tercer piso? De ninguna manera: _____ muy tacaños y perezosos.   (son - están)

7. —¡Qué bonitos estantes!

   —Sí, _____ bonitos porque Marta los pintó ayer.   (son - están)

8. —¿Qué tiempo hace?

   —El cielo _____ nublado y el aire _____ muy frío.   (es - está)

IV. Composición

I. Describa sus planes para el futuro inmediato, es decir, para los próximos meses o el próximo año. Diga si estudiará o trabajará; si viajará o se quedará donde está ahora; si vivirá en otro sitio… etc. Use el tiempo futuro y escriba unas 75 palabras.

_____

_____

_____

_____

_____

_____

J. Imagine una nueva realidad para usted y diga cómo sería su vida, las cosas que pasarían, los viajes que haría, lo que pensaría y haría. Déle rienda suelta *(free rein)* a su imaginación. Escriba unas 75 palabras y haga oraciones cortas *(short)*.

_____

_____

_____

_____

_____

_____

¿Recuerda usted?

Position of two object pronouns. Conteste las siguientes preguntas con una orden afirmativa o negativa. Use pronombres para expresar los objetos directo e indirecto.

► ¿Le doy los libros?   *Sí, démelos, por favor. (No, no me los dé.)*

1. ¿Les pongo los discos aquí a ustedes?

_____

2. ¿Le escribo la dirección de Sandra?

_____

3. ¿Le enseño los mapas a usted?

_____

4. ¿Les explico esa pregunta a sus amigos?

_____

5. ¿Le muestro esas camisas al cliente?

_____

6. ¿Les busco los videos a los jóvenes?

_____

Para *and* **por** *in contrast.* Complete las siguientes oraciones con una frase que empiece con **por** o **para**.

► Compré tres discos *por [doce dólares.]*
                      para [la fiesta del sábado.]

1. Todos los veranos nosotros nos íbamos _____

2. Le di el dinero _____

3. Los prisioneros se escaparon de la prisión _____

4. Vayamos _____

5. Victoria siempre estaba lista _____

6. Hoy no podemos salir _____

7. Voy a mandar las cartas _____

8. Le di las gracias _____

Lección 20
Actividades de laboratorio

Estudio de palabras

Actividad 1. Usted va a oír una oración incompleta dos veces. En su cuaderno, seleccione la palabra, *a, b* o *c,* que mejor complete la oración.

► El director del museo habló...
  _____ a. especial   ✔ b. elocuentemente   _____ c. exhibición

a	*b*	*c*
1. _____ recordar	_____ detenerte	_____ contribuir
2. _____ búsquedas	_____ muestras	_____ escritoras
3. _____ educativa	_____ indígena	_____ histórica
4. _____ formar parte	_____ recordar	_____ definir
5. _____ impresionantes	_____ indígenas	_____ tecnológicas
6. _____ teleducación	_____ creación	_____ búsqueda

Actividad 2. Usted va a oír dos oraciones, *a* y *b,* dos veces. En su cuaderno, indique si las dos oraciones son *iguales* o *diferentes* en significado.

► a. Voy a poner la carta en el correo.   Usted marca *diferentes.*
  b. Voy a poner la carta en el paquete.

Iguales	*Diferentes*		*Iguales*	*Diferentes*
1. _____	_____	4. _____	_____
2. _____	_____	5. _____	_____
3. _____	_____	6. _____	_____

Estructuras útiles

Actividad 3. Usted va a oír dos oraciones muy similares. Una de ellas está en el futuro y la otra, en el pasado. En su cuaderno, indique el tiempo de cada oración.

► a. No creo que Antonio trabajará aquí.   Usted marca *a* en la columna *futuro,* y *b* en la columna *pasado.*
  b. No creía que Antonio trabajara aquí.

Futuro	*Pasado*		*Futuro*	*Pasado*
1. _____	_____	4. _____	_____
2. _____	_____	5. _____	_____
3. _____	_____	6. _____	_____

Actividad 4. Usted va a oír una oración incompleta dos veces. En su cuaderno, marque la mejor conclusión, *a* o *b*.

▶ Siempre me duermo cuando miro ese programa de televisión porque…

_✔_ a. es muy aburrido. _____ b. está muy aburrido.

a	*b*
1. _____ es muy viejo.	_____ está muy viejo.
2. _____ es lleno.	_____ está lleno.
3. _____ es muy malo.	_____ está muy malo.
4. _____ soy cansada.	_____ estoy cansada.
5. _____ son activos.	_____ están activos.
6. _____ eres intranquila.	_____ estás intranquila.

Comprensión oral

Actividad 5. ¿Lógica o absurda? Usted va a oír una pregunta y después una respuesta. En su cuaderno, indique si la respuesta es *lógica* o *absurda*.

▶ — ¿Qué te parece Rolando? Usted marca *lógica*.
— Es un poco aburrido.

Lógica	*Absurda*		*Lógica*	*Absurda*
1. _____	_____	4. _____	_____
2. _____	_____	5. _____	_____
3. _____	_____	6. _____	_____

Dictado

Actividad 6. Usted va a oír un radioprograma de noticias dos veces. En su cuaderno, complételo con las palabras apropiadas.

Mañana _____ el Museo Nacional de Historia para inaugurar

_____ sobre _____ de la

conquista y colonización _____ .

_____ la exhibición es _____

que tiene el museo.

El director del museo _____ para _____

la exhibición sobre nuestro pasado.

_____ que concedió, el director nos dijo: «Ignorar nuestro pasado colonial

_____ como nación y _____ . Somos lo que somos porque

_____ .»

Lección 21
En México

I. Comprensión

A. Las seis oraciones que siguen constituyen un corto resumen del diálogo titulado *Una imagen basada en estereotipos*. Asígnele a cada oración un número del 1 al 5, para indicar la secuencia lógica de los eventos.

1. _____ Creen que es necesario despertar la conciencia de los hombres y las mujeres mexicanos.

2. _____ Los jóvenes hablan sobre los estereotipos femeninos y masculinos representados en la televisión mexicana.

3. _____ Unos estudiantes mexicanos discuten acaloradamente en la cafetería de la UNAM.

4. _____ Todos están de acuerdo en que los estereotipos son falsos.

5. _____ Proponen organizar un debate en la universidad e invitar a personas responsables de los medios publicitarios.

B. Algunas de las siguientes ideas son estereotipos representados en las novelas y expresados en la conversación entre Victoria, Mercedes, Miguel y Luis. Otras son las imágenes ideales del hombre y la mujer mexicanos. Indique cuáles son *estereotipos* y cuáles son *imágenes ideales*.

	Estereotipo	*Ideal*
► La mujer mexicana llora cuando tiene problemas de amor.	✔	_____
1. El hombre mexicano es sensible y generoso.	_____	_____
2. La mujer mexicana acepta pasivamente el papel que le asigna la sociedad.	_____	_____
3. El hombre mexicano siempre hace lo que le da la gana.	_____	_____
4. La mujer mexicana se rebela contra los abusos de la vida doméstica y social.	_____	_____
5. El hombre mexicano es insensible y egoísta.	_____	_____
6. La mujer mexicana y su compañero se ponen de acuerdo para tomar decisiones que los afectan mutuamente.	_____	_____

II. Estudio de palabras

C. Lea cada párrafo corto y después complete la oración final con la palabra apropiada.

► Una persona que sólo piensa en sí misma, que no da nada a nadie es una persona...

(a) _____ incómoda   (b) ✔ egoísta   (c) _____ generosa   (d) _____ lisonjera

1. Esos muchachos hablan demasiado alto y molestan a todo el mundo. En realidad no hablan; ellos...

(a) _____ lloran   (b) _____ se acercan   (c) _____ gritan   (d) _____ opinan

2. Cuando estamos muy tristes, nuestros ojos se llenan de lágrimas *(tears)*. A esto lo llamamos...

(a) _____ representar   (b) _____ proyectar   (c) _____ gritar   (d) _____ llorar

3. Inés y Sandra son muy buenas amigas; siempre tienen las mismas ideas y las mismas soluciones. Ellas...

(a) _____ discuten acaloradamente   (b) _____ están de acuerdo   (c) _____ dicen lo que pasa

(d) _____ se acercan

4. Es necesario que todos digamos lo que pensamos sobre estos asuntos. Tenemos que...

   (a) _____ presentar   (b) _____ representar   (c) _____ debatir   (d) _____ opinar

5. Ese muchacho siempre dice cosas buenas de ti para conseguir favores y privilegios. Es un muchacho...

   (a) _____ insensible   (b) _____ superficial   (c) _____ loco   (d) _____ lisonjero

6. Ernesto quiere ser novio de Ana. Ana quiere a Ernesto también. Ellos son...

   (a) _____ vergüenza   (b) _____ voces   (c) _____ enamorados   (d) _____ actos

7. Pero Ernesto es muy rico y pertenece a la alta sociedad de la ciudad. Ana es una chica pobre del barrio industrial. Hay diferencias de...

   (a) _____ medios publicitarios   (b) _____ niveles sociales   (c) _____ belleza   (d) _____ sentimientos

D. Complete los siguientes anuncios clasificados con las palabras y frases apropiadas de cada lista.

1. aptitudes   empleo a tiempo completo   un bibliotecario
   especialización   la solicitud de empleo

   Se busca _____ con _____ en literatura infantil

   para _____ en la Biblioteca Municipal. Envíe

   _____ a: Biblioteca Municipal de Lima, Ayacucho 35, Lima.

2. la Agencia de Colocaciones Super   las aptitudes   la empresa   la solicitud
   el salario   carnicero   especialización

   El Nuevo Mercado de Europa solicita experto _____

   con _____ en corte *(cut)* de carne al estilo europeo.

   _____ que paga _____ dependerá

   de _____ y experiencia. Para más información comuníquese

   con _____, teléfono 24-48-12.

3. abogado   la Agencia de Colocaciones Norte-Sur   banquero   cocinero
   los cargos   farmacéutico   el sueldo   los empleos

   _____ solicita personas preparadas para _____
   que se describen a continuación:

   _____ con experiencia en legislación laboral.

   _____ con experiencia en transacciones bancarias internacionales.

   _____ para restaurante especializado en pescados y mariscos.

   _____ para preparar medicinas y productos farmacéuticos.

   _____ es competitivo y _____ tienen numerosos
   beneficios.

III. Estructuras útiles

E. **Tú**-*commands*. Un/a amigo/a suyo/a le pregunta si debe hacer ciertas cosas. Usted le contesta con una orden afirmativa para lo primero y con una orden negativa para lo segundo.

   ▶ ¿Te leo la carta o te la dejo ahí?   *Léeme la carta; no me la dejes ahí.*

   1. ¿Te digo las respuestas o te escribo las preguntas?

   _____

   2. ¿Salgo ya o te espero?

   _____

3. ¿Pido los libros o los consigo en la biblioteca?

_____

4. ¿Me quedo contigo o voy a buscar ayuda?

_____

5. ¿Vengo esta noche o salgo con Luisa?

_____

6. ¿Estudio contigo o hago la tarea?

_____

F. **Vosotros**-*commands*. Usted está de instructor o entrenador en un campamento de verano en España y quiere que sus "campistas" hagan o no hagan ciertas cosas. Dé las órdenes apropiadas con **vosotros**.

► no nadar en el río   *No nadéis en el río.*
► salir de las tiendas   *Salid de las tiendas.*

1. hacer una fila para comer   _____

2. terminar el trabajo   _____

3. no empezar otro juego   _____

4. no caminar por ese camino   _____

5. ir a la piscina   _____

6. venir aquí   _____

G. *Softening requests and criticisms*. Complete cada grupo de tres oraciones con la misma petición o crítica en diferentes grados de cortesía. La primera debe estar en estilo directo, usando el indicativo. La segunda en un estilo más cortés *(polite)*, usando el condicional. La tercera debe estar en un estilo muy cortés, con el imperfecto del subjuntivo.

► a. Debes ser menos egoísta.
  b. *Deberías ser menos egoísta.*
  c. *Debieras ser menos egoísta.*

1. a. _____
   b. _____
   c. ¿Pudiera usted darme el periódico?

2. a. _____
   b. ¿Querrías venir conmigo?
   c. _____

3. a. _____
   b. _____
   c. Quisiera tomar agua.

4. a. No debes hablar tan rápidamente.
   b. _____
   c. _____

5. a. _____
   b. ¿Podrías sentarte aquí y no allí?
   c. _____

H. Si-*clauses*. Su amigo/a le pregunta si usted u otra persona hará una cosa determinada. Contéstele que la hará o no si cierta condición se cumple *(is fulfilled)*. Sea imaginativo, pero realista al inventar su condición.

► ¿Irás al cine con nosotros?   *[Si dan una buena película,] iré al cine. (No iré al cine, [si vas con ese chico antipático.])*

1. ¿Van a comer ustedes en ese restaurante?

_____

2. ¿Va a solicitar usted ese empleo?

_____

3. ¿Compras el estéreo?

_____

4. ¿Sale Estela esta noche?

_____

5. ¿Bailas conmigo?

_____

6. ¿Me haces un favor?

_____

I. Si-*clauses*. Un/a amigo/a le pregunta por qué usted u otra persona no hace cierta cosa. Explíquele que la haría si ocurrieran ciertas condiciones. Sea imaginativo, pero realista al crear sus condiciones.

► ¿Por qué no vive tu hermano en casa de tus padres?   *[Si trabajara en la ciudad], viviría con ellos. (Viviría con ellos, [si no trabajara.])*

1. ¿Por qué no sales con María?

_____

2. ¿Por qué Pablo no trabaja en esa compañía?

_____

3. ¿Por qué ustedes no van de compras al centro?

_____

4. ¿Por qué ellos no quieren venir a la fiesta de Rosalía?

_____

5. ¿Por qué no le preguntas al profesor?

_____

6. ¿Por qué Alicia no estudia geología?

J. Como si-*clauses*. Usted descubre que alguien que usted conoce no es lo que parece ser. Usted se sorprende, porque esa persona actúa como si lo fuera. Explique la situación de una forma original.

► Pablo no trabaja en la oficina del gobernador.   *Pues [habla] como si trabajara allí.*
                                                      Pues [menciona nombres] como si trabajara allí.

1. (Yo) no practico deportes.

_____

2. Margarita no es enfermera.

_____

3. Nosotros no estudiamos matemáticas.

_____

4. Mis primos no saben nada de política.

_____

5. Esos empleados no están muy cansados.

_____

6. Nuestro jefe no tiene mucho poder en la compañía.

_____

7. Alfonso no bebe muchas bebidas alcohólicas.

_____

8. Carlota no duerme mucho.

_____

IV. Composición

K. Ahora usted va a entrevistar a un personaje de la realidad presente, por ejemplo un actor en una telenovela o en su programa de televisión favorito. Imagínese que usted pudiera hablar con ese personaje. ¿Qué preguntas le haría usted? ¿Qué respuestas le daría él/ella? Escriba una entrevista de unas 100 palabras creando preguntas y respuestas.

Usted: ¿_____?

_____

Usted: ¿_____?

_____

Usted: ¿_____?

_____

Usted: ¿_____?

_____

¿Recuerda usted?

Uses of the subjunctive. Su amigo/a y usted conversan. Reaccione a cada afirmación que él/ella hace, usando una de las frases de la lista y un verbo apropiado en el subjuntivo.

(no) me alegro de que...   (no) me gusta que...   (no) prefiero que...
(no) quiero que...   (no) deseo que...   ojalá que (no)...
(no) siento que...   (no) espero que...

► Mañana no tenemos que trabajar.   *Me alegro de que [no tengamos que trabajar.]*

1. El mes próximo nos aumentan el sueldo.

   _____

2. El sábado montamos a caballo.

   _____

3. Empezamos a trabajar a las ocho de la mañana.

   _____

4. El jefe nos ayuda mucho.

   _____

5. Tú nadas después del almuerzo.

   _____

6. Estela tiene que escribir diez cartas antes de salir.

   _____

Lección 21
Actividades de laboratorio

Estudio de palabras

Actividad 1. Usted va a oír unos comentarios dos veces. En su cuaderno, seleccione la oración que mejor describa lo que se comenta.

► Jorge da muchas órdenes arbitrarias. Le gusta mandar y abusar.
_____ a. Es un feminista.   ✔ b. Es un déspota.   _____ c. Es un enamorado.

a	*b*	*c*
1. _____ Son dos locos.	_____ Son dos enamorados.	_____ Están insensibles.
2. _____ Es la vergüenza.	_____ Representa la belleza.	_____ Trae el sentimiento.
3. _____ Me doy cuenta.	_____ Estoy de acuerdo.	_____ Me acerco.
4. _____ Hablan de prisa.	_____ Hablan acaloradamente.	_____ Hablan ampliamente.
5. _____ Opinan de todo.	_____ Se dan cuenta de todo.	_____ Son lisonjeros.
6. _____ Opinamos.	_____ Nos damos cuenta.	_____ Estamos de acuerdo.

Estructuras útiles

Actividad 2. Usted va a oír una pregunta de un amigo dos veces. Conteste la pregunta, seleccionando la orden más apropiada, *a* o *b,* en su cuaderno.

► Ya terminé de escribir las cartas. ¿Voy al correo o espero?
✔ a. Ve al correo.   _____ b. No esperes el correo.

1. _____ a. Sí, démelo.

_____ b. Sí, léelo.

2. _____ a. No tengas tareas.

_____ b. Haz la tarea ahora.

3. _____ a. Trabaja hasta las cuatro y media y ve al médico.

_____ b. No trabajes en esa oficina.

4. _____ a. Ponlos sobre la mesa.

_____ b. Pon la mesa aquí.

5. _____ a. No la escribas.

_____ b. Repítela varias veces.

6. _____ a. Come ahora y báñate después.

_____ b. Báñate aquí.

7. _____ a. No conduzcas si bebes...y no bebas mucho.

_____ b. Bebe antes de ir.

Comprensión oral

Actividad 3. ¿Es usted un buen detective? Usted va a oír una conversación dos veces. Después pare la cinta. En su cuaderno, marque las oraciones que son correctas, según la conversación.

1. _____ Alberto y Carlos tienen un jefe.

2. _____ El jefe se llama Alberto.

3. _____ Alberto está enfermo.

4. _____ Son las once y media de la mañana.

5. _____ Alberto y Carlos son primos.

6. _____ Los trabajos que hacen para el jefe son un poco misteriosos.

7. _____ Hay cosas que Alberto y Carlos no pueden hablar por teléfono.

8. _____ Alberto se acaba de levantar.

Actividad 4. Usted va a oír seis anuncios breves dos veces. No va a entender todas las palabras, pero puede entender fácilmente de qué trata cada anuncio. En su cuaderno, escriba el número del anuncio al lado de la profesión u ocupación que se anuncia.

La estación de radio WCBA de Miami, Florida anuncia algunos empleos para las personas que buscan empleo en el área metropolitana de Miami.

_____ modista	_____ bibliotecario/a	_____ auxiliar de vuelo
_____ abogado/a	_____ peluquero/a	_____ carpintero
_____ criado/a	_____ piloto	_____ vendedor/a

Dictado

Actividad 5. Usted va a oír cinco oraciones dos veces. Escríbalas en su cuaderno.

1. _____

2. _____

3. _____

4. _____

5. _____
   _____

Lección 22
En España

I. Comprensión

A. Después de leer el artículo *Democracia bajo la monarquía* en su texto, decida cuáles de las siguientes oraciones son verdaderas y cuáles son falsas. Escriba **sí** junto a las verdaderas y **no** junto a las falsas.

1. _____ El uso de las lenguas regionales se permitía durante el régimen de Franco.

2. _____ En España hubo y todavía hay actos terroristas.

3. _____ Hay libertad de prensa bajo la monarquía.

4. _____ La Guerra Civil empezó en 1939.

5. _____ El desempleo tiene un nivel muy bajo actualmente.

6. _____ Cada región tiene cierta autonomía bajo la monarquía.

7. _____ La dictadura del General Franco duró 36 años.

8. _____ Los partidos de la derecha y los de la izquierda se reconciliaron durante el régimen franquista.

9. _____ Bajo la monarquía se celebran elecciones libres con participación de todos los partidos políticos.

10. _____ El rey Juan Carlos I de Borbón estableció la dictadura franquista en España.

II. Estudio de palabras

B. Imagínese que usted está leyendo los titulares *(headlines)* de un periódico español. Complete cada titular con una palabra apropiada de las que aparecen entre paréntesis.

1. La nación _____ _____ _____ una crisis de desempleo.   (censura - atraviesa - disfruta - resurge)

2. Los partidos de la izquierda _____ con gran poder en las últimas elecciones. (atravesaron - duraron - trataron - resurgieron)

3. _____ no apoya la censura a los periódicos liberales.   (La actuación - La confianza - La prensa - La fuerza)

4. La actuación del rey tiene _____ de todos los españoles.   (el reconocimiento - el carácter - el temor - el poder)

5. Los partidos políticos apoyan al rey para _____ la democratización del país. (atravesar - llevar a cabo - tratar - enfrentar)

6. Los partidos de la izquierda desean llegar _____ con el voto popular.   (al partido - a la guerra - al poder - al temor)

7. _____ no hay temor a la dictadura.   (Actualmente - En la actuación - En la fuerza - En el poder)

C. ¿Cómo se llama...? Escoja la palabra que se define entre las cuatro opciones posibles.

▶ ¿Cómo se llama la mayor autoridad de una república constitucional?
(a)_____ rey   (b)_✔_ presidente   (c)_____ embajador   (d)_____ junta

1. ¿Cómo se llaman las actividades políticas que preceden a las elecciones?

(a)_____ elección   (b)_____ manifestación   (c)_____ partido político   (d)_____ campaña electoral

2. ¿Cómo se llama la expresión de la voluntad del pueblo *(will of the people)* en unas elecciones?

   (a)_____ voto   (b)_____ urna   (c)_____ papeleta   (d)_____ partidario

3. ¿Cómo se llama el grupo de ministros que forman parte del gobierno?

   (a)_____ junta   (b)_____ gabinete   (c)_____ república   (d)_____ partido

4. ¿Cómo se llama el lugar donde se depositan los votos en unas elecciones?

   (a)_____ votos   (b)_____ papeleta   (c)_____ urna   (d)_____ votar

5. ¿Cómo se llama la persona que quiere ocupar un cargo público por elección?

   (a)_____ senador   (b)_____ representante   (c)_____ candidato   (d)_____ ministro

6. ¿Cómo se llama la persona que representa oficialmente a su gobierno en otro país?

   (a)_____ rey   (b)_____ embajador   (c)_____ ministro   (d)_____ senador

7. ¿Cómo se llama un grupo de personas que muestra públicamente su oposición a una decisión?

   (a)_____ junta   (b)_____ manifestación   (c)_____ publicidad   (d)_____ partidarios

8. ¿Cómo se llama el grupo de personas, generalmente militares, que gobierna un país sin que sean elegidos por voto popular y libre?

   (a)_____ consejo   (b)_____ gabinete   (c)_____ junta   (d)_____ senadores

III. Estructuras útiles

D. *Present perfect tense.* Conteste las preguntas siguientes de una forma original, usando formas del pretérito perfecto en sus respuestas.

► ¿Va usted a las regatas de junio?   *Sí, he ido todos los años. (No, nunca he ido porque no me interesan.)*

1. ¿Habló Alfredo con el jefe de la oficina?

   _____

2. ¿Cuándo leerás esas novelas?

   _____

3. ¿Dónde compraron ellos la ropa?

   _____

4. ¿Por qué no comes la carne?

   _____

5. ¿Qué hicieron tus compañeros anoche?

   _____

6. ¿No te di ya el dinero para los billetes?

   _____

7. ¿Dónde vio usted a Yolanda?

   _____

8. ¿Qué te dijo la secretaria?

   _____

E. *Pluperfect tense.* Conteste las siguientes preguntas libremente, pero use una forma del pluscuamperfecto en sus respuestas.

► ¿Cuándo terminaste de arreglar el carro?   *Ya había terminado de arreglarlo cuando me llamaste.*
Lo había terminado cuando Gloria pasó por mí a las tres de la tarde.

1. ¿Firmaste las cartas a tiempo?

_____

2. ¿Mandaron ustedes las solicitudes de empleo el lunes?

_____

3. ¿Cuándo decidieron organizar la huelga?

_____

4. ¿Discutían los senadores la decisión del presidente en ese momento?

_____

5. ¿Por qué no me dijiste la noticia ayer?

_____

6. ¿Mayra se fue en el vuelo de anoche?

_____

7. ¿Hablaste con Elena cuando la viste ayer en el teatro?

_____

8. ¿Cuándo volviste a la fábrica?

_____

F. *Conditional perfect tense.* Las personas indicadas no han hecho lo que se esperaba que hicieran. Excúselas, usando formas del condicional perfecto en sus oraciones.

► Las hermanas de Ricardo no vinieron a la fiesta.   *Habrían venido, [pero tenían mucho trabajo.]*

1. Tú no sacaste los libros de la biblioteca.

_____

2. Nosotros no asistimos a la reunión.

_____

3. Ustedes no votaron en las elecciones.

_____

4. Usted no consiguió el pasaporte.

_____

5. Mis primos no fueron a Barranquilla.

_____

6. Tú no pasaste el examen de antropología.

_____

7. Yo no compré el pastel en la pastelería francesa.

_____

8. Rodolfo no llevó a sus padres en el coche nuevo.

_____

G. *Superlatives.* Complete las siguientes oraciones con un superlativo formado con **sumamente** o con un adjetivo terminado en **-ísimo.** Escoja los adjetivos apropiados de la lista.

amable	cansado	flaco	malo
barato	difícil	interesante	viejo
bueno	fácil	loco	

1. Hemos trabajado mucho, estamos ___ _____.

2. Alberto es _____ para ocupar ese cargo.

3. Tuvimos un examen _____.

4. Me gusta esa película porque es _____.

5. No podemos creer a Rosa; es _____.

6. La señora Romero es _____; siempre nos quiere ayudar.

7. Vamos a esa tienda porque allí todo es _____.

8. Luis y Leopoldo sólo tienen 40 años, pero están _____.

IV. Composición

H. Imagínese que usted recibió y aceptó una invitación para pasar un fin de semana en la casa de la playa de unos amigos suyos. Usted fue a la casa y se divirtió mucho. Ahora es lunes y usted les manda una carta agradeciéndoles la invitación y las atenciones recibidas. Mencione algún detalle específico de la visita que a usted le gustó mucho. (Unas 100 palabras)

_____

_____

_____

_____

_____

_____

_____

¿Recuerda usted?

Impersonal reflexives. Complete las siguientes conversaciones con una construcción impersonal reflexiva que indique una idea u opinión general sobre el tema de la conversación.

► Carlos: ¿Quién vendió tantas entradas para el concierto?
  Ricardo: Es posible que las haya vendido Cecilia, ¿verdad?
   Usted: *[No sé. Sólo sé que se vendieron todas las entradas.]*

1. Oscar: ¿Firmaron los documentos?

   Mirta: Sí, creo que ya los firmaron. ¿Sabes quién los firmó?

   Usted: _____

2. Pepe: ¿Es verdad que mañana no hay clases?

Paco: No sé. ¿Qué dices tú?

Usted: _____

3. Laura: ¿Qué programa de televisión miras?

Pedro: Yo miro «La novela de un joven pobre». Es muy popular. ¿Qué crees?

Usted: _____

4. Andrea: Ustedes los americanos son altos y rubios.

Lupe: …y además, ¡ricos!

Usted: _____

5. Ángel: ¿Qué restaurante me recomiendas?

Julia: Te recomiendo "Las Brisas del Carmelo". ¿Verdad que es muy bueno?

Usted: _____

6. Antonio: No podemos perder más tiempo en discusiones.

Eugenia: Estoy de acuerdo. ¿Qué opinas?

Usted: _____

Lección 22
Actividades de laboratorio

Estudio de palabras

Actividad 1. Usted va a oír una oración incompleta dos veces. En su cuaderno, seleccione la palabra o frase que mejor complete la oración.

▶ En este país no se puede hablar abiertamente; hay una...
_____ a. libertad   ✔ b. dictadura   _____ c. prensa

a	*b*	*c*
1. _____ publicidad	_____ urna	_____ temor
2. _____ atravesaríamos	_____ duraríamos	_____ apoyaríamos
3. _____ partidarios	_____ embajadores	_____ partidos
4. _____ efectuado	_____ transcurrido	_____ libre
5. _____ la libertad de palabra	_____ la guerra	_____ el voto
6. _____ llevar a cabo	_____ durar	_____ aumentar
7. _____ votar	_____ instituir	_____ dimitir

Estructuras útiles

Actividad 2. Usted va a oír una oración incompleta dos veces. En su cuaderno, seleccione la mejor conclusión, *a* o *b*.

▶ Bernardo no me llamó por teléfono anoche porque...
_____ a. habría llamado por la tarde
✔ b. había hablado conmigo por la tarde.

1. _____ a. habían practicado mucho.
   _____ b. no conocían la música.

2. _____ a. lo había visto allí.
   _____ b. me lo dieron a buen precio.

3. _____ a. necesitaba conseguir una firma oficial.
   _____ b. habían ido allí antes.

4. _____ a. habías tenido un examen.
   _____ b. te lo había pedido el profesor.

5. _____ a. ya habíamos visto esa película.
   _____ b. no hemos visto esa película.

6. _____ a. la había comprado.
   _____ b. le dieron mucho dinero por ella.

Actividad 3. Usted va a oír una oración. En su cuaderno, indique si el verbo está en el pluscuamperfecto o en el condicional perfecto.

▶ Me lo había dicho Paco.   Usted marca *pluscuamperfecto*.

Pluscuam-perfecto	*Condicional perfecto*		*Pluscuam-perfecto*	*Condicional perfecto*
1. _____	_____	4. _____	_____	
2. _____	_____	5. _____	_____	
3. _____	_____	6. _____	_____	

Comprensión oral

Actividad 4. Imagínese que dos amigos hablan con usted. Usted va a oír lo que dicen dos veces. Después, usted responde con la mejor respuesta, *a* o *b*, en su cuaderno.

► — ¿Vieron a Manuel?
  — No, no lo vi. ¿Y tú?   _____ a. He ido con él.   ✔ b. Yo tampoco lo he visto.

1. _____ a. Ya las han abierto: ¡miren!   4. _____ a. Les he traído los pasaportes.

   _____ b. Las cierran a las nueve.   _____ b. Creo que podemos solicitarlos mañana.

2. _____ a. Hemos ido de excursión.   5. _____ a. Pues, yo no la he roto.

   ____ b. Me gustaría ir con ustedes, pero no puedo.   _____ b. Mi cámara está rota.

3. _____ a. Sí, pero hemos hecho lo que queríamos: viajar.

   _____ b. Sí, pero hemos vuelto al trabajo.

Actividad 5. Usted va a oír una conferencia sobre el proceso de democratización en España dos veces. Algunas palabras son nuevas para usted, pero debe poder entender casi todo. Después pare la cinta. En su cuaderno, indique si la información en cada oración es *correcta* o *incorrecta,* según la narración.

	Correcta	*Incorrecta*
1. La democratización en España comenzó en 1954.	_____	_____
2. Juan Carlos es el hijo del último rey de España, Alfonso XIII.	_____	_____
3. Don Juan de Borbón y Franco se entrevistaron.	_____	_____
4. Don Juan de Borbón permitió que Juan Carlos estudiara en las academias militares españolas.	_____	_____
5. Franco quería que Juan Carlos fuera un rey liberal.	_____	_____
6. La dictadura franquista duró casi 50 años.	_____	_____
7. Juan Carlos llegó a ser rey en noviembre de 1975.	_____	_____

Dictado

Actividad 6. Usted va a oír la primera parte de una oración dos veces. En su cuaderno, escriba la primera parte de la oración al lado de la conclusión apropiada.

1a. _____ celebren elecciones libres.

  b. _____ celebrarían elecciones libres.

2a. _____ el país habría tenido más reformas.

  b. _____ el país había ido hacia la dictadura.

3a. _____ ya habían comenzado las reformas.

  b. _____ habrían comenzado las reformas.

4a. _____ habrían firmado el pacto.

  b. _____ no es necesario.

5a. _____ haya más senadores y gobierno.

  b. _____ haya más autonomía regional.

Lección 23
En España

I. Comprensión

A. Después de leer la selección *Las tunas,* seleccione las frases que completen correctamente las siguientes oraciones. Más de una opción puede ser correcta.

1. La tuna está formada por... (a)_____ muchachos que estudian en las facultades.   (b)_____ jóvenes universitarios.   (c)_____ muchachos que van a las iglesias.

2. Los tunos cantan... (a)_____ canciones modernas.   (b)_____ canciones tradicionales. (c)_____ canciones estudiantiles.

3. Los tunos se visten con... (a)_____ uniformes militares.   (b)_____ trajes medievales. (c)_____ trajes modernos.

4. Los tunos reciben cintas para su capa... (a)_____ de sus amigas.   (b)_____ cuando dan una serenata. (c)_____ de cada novia.

5. Anoche un grupo de tunos de Santiago se reunió para... (a)_____ practicar su repertorio para un viaje a los Estados Unidos.   (b)_____ prepararse para el estreno de sus canciones.   (c)_____ ensayar unas canciones.

6. La «Tuna Compostelana» habla de... (a)_____ la vida del Apóstol Santiago.   (b)_____ el sufrimiento de una muchacha por un tuno.   (c)_____ la boda de un tuno y una muchacha de Galicia.

II. Estudio de palabras

B. Dé las palabras que se definen. Usted encontrará algunas palabras nuevas, pero podrá entender la definición por el contexto.

1. Iglesia, lugar de adoración: _____

2. Que no tiene mucha extensión; lo contrario de *largo*:   _____

3. Música marcial que se toca en una boda: _____

4. Practicar una canción o comedia antes de presentarla al público: _____

5. Instrumento musical de percusión que sirve para marcar el ritmo de una pieza musical: _____

6. Dar algo a alguien para su cumpleaños o por otro motivo cualquiera: _____

7. Que vive; lo contrario de *muerto*:   _____

8. Escuela universitaria donde se estudia medicina, derecho, filosofía, etc.:   _____

9. Pedazo de tela largo y delgado que adorna el traje de los tunos: _____

C. En muchos de los periódicos hispanos hay una página dedicada a describir, algunas veces en términos un poco cursis *(tacky),* las fiestas y actividades de la "alta sociedad". Entre los temas más populares de estas crónicas sociales se encuentran las bodas. Complete la siguiente crónica con palabras apropiadas de la lista.

anillo de compromiso	compromiso	luna de miel	noviazgo
anillos nupciales	divorcio	el matrimonio	pareja
aniversario	iglesia	la marcha nupcial	el traje de bodas

Anoche, en la hermosa (1)_____ de San Juan de Letrán se celebró

(2)_____ de Lupita Gómez y Carlos Loveira, de nuestra mejor sociedad.

Los padres de Lupita, Don Ceferino Gómez y Doña Eulalia de Gómez, celebraban su veinticinco

(3)_____ de feliz unión. A la boda de la simpática

(4)_____ asistieron distinguidos miembros de la sociedad local. Lupita entró

del brazo de su padre a los acordes de (5)_____ de Mendelssohn.

(6)_____, de seda y encaje *(lace),* fue hecho por el conocido y brillante

modisto Casimiro. Lupita y Carlos, después de un corto (7)_____ y un feliz

(8)_____ cambiaron (9)_____ ante parientes y amigos.

Al terminar la ceremonia, la feliz pareja salió hacia Buenos Aires, vía Caracas, para pasar su

(10)_____.

III. Estructuras útiles

D. *Present progressive tense.* Un/a amigo/a le pide a usted que haga algo. Usted le contesta diciendo que no puede hacerlo ahora porque está haciendo otra cosa. Invente una buena excusa.

▶ ¿Quieres decirme lo que pasó hoy en la oficina?   *No puedo decírtelo ahora porque estoy escribiendo una carta muy importante.*
Lo siento, pero ahora estoy leyendo un informe muy complicado.

1. Enséñame las fotos de la excursión.

_____

2. Necesito que me expliques estos ejercicios.

_____

3. ¿Pueden ustedes venir conmigo al cine?

_____

4. ¿Quieres ir a la discoteca ahora?

_____

5. Por favor, tráeme un nuevo libro de la biblioteca.

_____

6. Prepárame una taza de café.

_____

7. Vamos a comer.

_____

8. ¿Quieres jugar al tenis?

_____

E. *Preterit progressive tenses.* Se ha cometido un crimen y la investigadora lo interroga a usted sobre las cosas que ocurrieron el día anterior. Usted le contesta negativamente, diciéndole que estuvo haciendo otra cosa. Prepare coartadas *(alibis)* posibles, usando la forma progresiva del pretérito.

▶ Su hermano Carlos trabajó anoche hasta las diez en su oficina, ¿verdad?   *No, [estuvo escribiendo*
                                                                                cartas en su cuarto.]

1. ¿Es cierto que usted salió a eso de las siete?

   _____

2. ¿No llamó usted a su abogado?

   _____

3. Usted y su hermano hablaron con la víctima, ¿cierto?

   _____

4. Por la tarde usted estuvo en una tienda del centro, ¿no?

   _____

5. Sus amigos vinieron a buscarlo a las once de la noche, ¿verdad?

   _____

6. Su hermano volvió con un paquete en la mano, ¿no es verdad?

   _____

F. *Imperfect progressive.* Conteste las siguientes preguntas afirmativa o negativamente de una forma original. Use la forma progresiva del imperfecto en las respuestas.

▶ ¿Qué hacían ustedes ayer cuando los llamé?   *Sí, [estábamos escuchando un programa musical.]*
   ¿escuchaban la radio?   *(No, [estábamos arreglando el coche.])*

1. ¿Preparabas la cena cuando llegó el doctor Ruiz?

   _____

2. ¿Qué hacías cuando llegaron tus padres? ¿dormías?

   _____

3. ¿Hablaban tus amigos con la directora cuando llegaste?

   _____

4. ¿Ensayaban ustedes las canciones a esa hora?

   _____

5. ¿Qué hacíamos en esos tiempos? ¿trabajábamos para Petromex?

   _____

6. ¿Recuerdas qué hacía yo en ese momento? ¿me bañaba?

   _____

G. *Reflexive verbs for unintentional actions.* Cosas que pasan sin querer. Explíquele a uno de sus amigos algunos accidentes que han ocurrido. Use los verbos de la lista en construcciones reflexivas apropiadas.

caer   rasgar   quedar
perder   olvidar   romper

   ► ¡Qué horror! ¿Qué le pasó a tu blusa? *Se me rasgó en la puerta.*

1. ¿Dónde están los pasaportes? ¿Los trajo Daniel?

   _____

2. ¿Por qué hay tanto café en el suelo?

   _____

3. Dame los sellos. ¿Qué? ¿No los tienes?

   _____

4. ¿Qué le pasó a la solicitud de empleo?

   _____

5. ¿Por qué no usas ese televisor? ¿Qué tiene?

   _____

6. ¿Por qué no me puedo acostar en esa hamaca?

   _____

IV. Composición

H. Dé una corta explicación que le permita salirse de cada una de las siguientes situaciones difíciles. Use reflexivos y formas del progresivo y escriba unas 30 palabras por párrafo.

1. Usted se ha olvidado que hoy es el cumpleaños de uno de sus mejores amigos. Déle una buena explicación.

   _____

   _____

   _____

2. Hoy es sábado y una amiga lo/la invita a ir al cine, pero usted no puede ir. Dígale por qué.

   _____

   _____

   _____

3. Usted le prometió a su amigo/a que le iba a traer una calculadora para que hiciera su tarea de matemáticas, pero no lo hizo y ahora le explica.

   _____

   _____

   _____

4. Sus padres le escriben y le indican que están preocupados porque usted no los ha visitado desde hace tres semanas. Usted les explica por qué.

   _____

   _____

   _____

¿Recuerda usted?

Subjunctive in adjective clauses. Complete las respuestas a las siguientes preguntas con la forma apropiada del verbo que aparece entre paréntesis. Use el subjuntivo o el indicativo del verbo, según el contexto.

► — ¿Qué tipo de casa busca usted?
— Busco una casa que *tenga* (tener) cuatro dormitorios.

1. — ¿Te gusta ese muchacho?

   — No, no me gustan las personas que _____ (ser) arrogantes y ese muchacho es muy arrogante.

2. — ¿Quién te va a traducir al ruso la carta?

   — No sé. No conozco a nadie que _____ (saber) ruso.

3. — ¿Con quién vas a ir a la fiesta de Lucía?

   — Quiero ir con alguien que _____ (ser) simpático.

4. — ¿Vas a comprar un automóvil nuevo?

   — Sí, quiero uno que no _____ (costar) mucho.

5. — ¿Dónde te pongo los discos?

   — Ponlos en la mesa que _____ (estar) cerca del estéreo.

6. — ¿Quieres estas blusas?

   — No, no me gustan las blusas que _____ (vender) aquí.

7. — ¿Vas a ponerte ese abrigo?

   — No, prefiero ponerme uno que no _____ (estar) tan viejo.

Position of two object pronouns. Reaccione a los comentarios o preguntas que le hace su amigo/a. Use pronombres para expresar el objeto directo e indirecto cuando sea posible.

► Me han regalado una raqueta de tenis. *¿Quién te la ha regalado?*
Te la regalaron porque juegas muy bien.

1. ¿Dónde se compró esa falda Lucía?

   _____

2. Mi amigo José de Quito me mandó una foto del volcán Chimborazo.

   _____

3. ¿Quieres ayudarnos a organizar una fiesta de Navidad?

   _____

4. ¿Por qué te trajeron los libros?

   _____

5. Miguel le arregló el coche a Luis.

   _____

6. ¿Me conseguiste la revista de octubre?

   _____

Lección 23
Actividades de laboratorio

Estudio de palabras

Actividad 1. Usted va a oír una oración incompleta dos veces. En su cuaderno, seleccione la palabra o frase que mejor complete la oración.

► Hay muchas personas en el concierto. Escuchan atentamente el . . .
  ✔ a. programa   b. repertorio   c. derecho

a	*b*	*c*
1. _____ regala	_____ ensaya	_____ adorna
2. _____ el tambor	_____ la flauta	_____ el piano
3. _____ tunas	_____ cintas	_____ facultades
4. _____ profesor	_____ templo	_____ tuno
5. _____ vivo	_____ largo	_____ corto
6. _____ derecho	_____ ciencias físicas	_____ humanidades

Actividad 2. Usted va a oír una breve biografía de Samuel García dos veces. Mientras escucha, marque en su cuaderno las palabras que se relacionan con conceptos expresados en la biografía.

1. _____ el anillo de compromiso	6. _____ el compromiso	11. _____ el noviazgo
2. _____ el anillo nupcial	7. _____ el divorcio	12. _____ la separación
3. _____ el aniversario	8. _____ la luna de miel	13. _____ el traje de bodas
4. _____ el bautismo	9. _____ el matrimonio	14. _____ la vida matrimonial
5. _____ la boda	10. _____ el nacimiento	

Estructuras útiles

Actividad 3. Usted va a oír una pregunta dos veces. En su cuaderno, seleccione las respuestas apropiadas, *a, b* o *c*. Puede haber una, dos o tres respuestas apropiadas.

► ¿Compraste las entradas ayer?   ✔ a. No, no las compré.
                                  _____ b. Las estaba comprando ayer.
                                  _____ c. Las estoy comprando todos los días.

1. _____ a. No, leo un libro de cuentos.
   _____ b. Sí, estoy leyendo una novela.
   _____ c. Estuve leyéndola.

2. _____ a. Pensé que no lo necesitabas.
   _____ b. Te lo estaba pidiendo.
   _____ c. Te lo traigo mañana.

3. _____ a. Estaba acompañándolos en el viaje.
   _____ b. Habían terminado sus estudios.
   _____ c. Sí, estuve bailando con Andrea toda la noche.

4. _____ a. Estoy comprando aquí.
   _____ b. Compro un suéter de lana.
   _____ c. Compró un vestido de seda.

5. _____ a. Estaba viviendo en ese apartamento.
   _____ b. Estoy viviendo con mis padres.
   _____ c. Estuve viviendo aquí.

Comprensión oral

Actividad 4. ¿Es usted un buen detective? Usted va a oír una breve descripción de un lugar o un evento dos veces. En su cuaderno, seleccione el lugar o el evento que se describe.

	a		b		c		d
1.	_____ concierto	_____ baile	_____ fiesta	_____ conferencia
2.	_____ sala	_____ cuarto de dormir	_____ baño	_____ comedor
3.	_____ teatro	_____ cine	_____ restaurante	_____ hotel
4.	_____ tienda	_____ teatro	_____ carretera	_____ garaje
5.	_____ clase	_____ trabajo	_____ enfermedad	_____ reunión
6.	_____ carretera	_____ parque	_____ tienda	_____ ciudad

Dictado

Actividad 5. Usted va a oír una pregunta y una respuesta. Después va a oír la pregunta otra vez. Durante la pausa, escriba la respuesta en su cuaderno.

1. _____

2. _____

3. _____

4. _____

5. _____

Lección 24
En España

I. Comprensión

A. Un/a amigo/a suyo/a va a visitar Barcelona por primera vez y le pide alguna información sobre la ciudad. Usted, que ha viajado o leído sobre Barcelona, le contesta con una corta lista de los datos más importantes. Vea la lectura *Un folleto sobre Barcelona* en su libro si no recuerda algún detalle.

1. Algunos platos típicos catalanes: _____

2. Barrio donde hay muy buenos restaurantes tradicionales: _____

3. Famosa iglesia de Barcelona y nombre del arquitecto que la construyó: _____

   _____

4. Historia de la iglesia en pocas palabras: _____

5. Museo que se debe visitar en Barcelona y obras que se pueden ver allí: _____

   _____

6. Posibles actividades nocturnas en Barcelona: _____

   _____

II. Estudio de palabras

B. Complete la siguiente descripción de una ciudad imaginaria con las palabras de la lista.

alberga	estrechas	merece	sagrado
dar un paseo	funciones	nocturna	satisfacer
espléndidos	la madrugada	las obras maestras	variados

Bellamar, la ciudad que usted debe visitar

¿No conoce usted la vida _____ de Bellamar? ¿No ha visto usted

_____ de nuestros grandes pintores, antiguos y contemporáneos, que

_____ el Museo Municipal?

Bellamar _____ su atención y su visita. Bellamar tiene todo para

_____ el gusto del visitante: restaurantes y cafés donde tomar una copa o comer

deliciosos platos _____; discotecas para bailar hasta _____;

teatros con _____ todo el año; museos _____ con obras de

artistas nacionales y extranjeros.

En las _____ calles del barrio antiguo, el turista puede contemplar la

monumental arquitectura del pasado. _____ por esas calles antiguas es como entrar

en un gran museo donde se puede apreciar el arte popular junto al arte _____.

C. ¿Cuál de las dos palabras es la correcta? Fred March acaba de regresar de Bolivia y le escribe a su amiga Teresa en español, pero tiene algunas dudas con ciertas palabras. Ayúdelo a escoger la palabra correcta.

Querida Teresa:

Acabo de llegar a mi casa y te escribo estas líneas para agradecerles a ti y a tu familia todas las atenciones que recibí durante el tiempo que _____ (atendí - asistí) a la escuela contigo en La Paz.

Cuando llegué a la _____ (estación - casa) de mi pueblo, vi las chimeneas de la _____ (fábrica - tela) donde trabaja mi papá y _____ (grabé - recordé) todo lo que hablamos sobre la contaminación industrial que tanto te _____ (atacaba -molestaba) a ti.

Mañana iré a la _____ (librería - biblioteca) y compraré algunos libros sobre ecología para continuar mis _____ (conferencias - lecturas) sobre el tema. Es un tema muy _____ (actual - real) aquí también: todos hablan de ello. No tiene nada de _____ (agradecido - gracioso) porque en cualquier momento podemos tener una catástrofe ecológica. Pero eso es ya otra historia, y me dicen que no debo ser tan pesimista...

III. Estructuras útiles

D. *Present perfect subjunctive.* Usted está de buen humor hoy y reacciona positivamente a las preguntas que le hacen. Complete cada respuesta expresando su deseo, su esperanza o la posibilidad de que se haya realizado lo que le preguntan.

▶ — ¿Alberto pasó el examen?　　— Espero que *lo haya pasado.*

1. — ¿Perdió el pasaporte tu tía?

— Ojalá que no_____

2. — ¿Llegaron a tiempo al aeropuerto tus amigos?

— Es posible que_____

3. — ¿Pusieron el dinero en el banco?

— Sí, y me alegro de que _____

4. — ¿Abrieron ya la nueva pista?

— Sí, es fantástico que_____

5. — ¿Se puso a trabajar en el jardín?

— Espero que_____

E. *Present perfect subjunctive.* Conteste las respuestas a las siguientes preguntas de una forma lógica y original. Use formas del presente perfecto del subjuntivo en sus respuestas.

▶ — ¿Cuando vamos a irnos de aquí?　　— Estaremos aquí hasta que *[hayamos visto al doctor Ruiz.]*

1. — ¿Cuándo vas a pagar esas cuentas?

— Las voy a pagar cuando _____

2. — ¿Cuándo van a salir en viaje de novios?

— Saldremos tan pronto como _____

3. — ¿Por qué no te acuestas?

— No me acostaré sin que_____

4. — ¿Por qué no llaman al tío Pepe?

    — Lo llamaremos en cuanto _____

5. — ¿A qué hora vas a regresar?

    — Regresaré cuando _____

F. *Past perfect subjunctive.* Complete las siguientes preguntas de una forma lógica y posible. Use formas del pluscuamperfecto del subjuntivo en sus respuestas.

   ► — ¿Pusieron las nuevas obras en el museo?   — No, y sentí que no *las hubieran puesto.*

1. — ¿Organizaron el horario de los vuelos?

    — Sí, y me alegré de que _____

2. — ¿Arreglaron el asunto del ministerio?

    — No, sentí que _____

3. — ¿Supieron ustedes que gané el partido de tenis?

    — Sí, y todos nos alegramos de que _____

4. — ¿Recomendó usted a Berta para ese cargo?

    — Sí, pero nadie creía que _____

5. — ¿Se enfermaron ustedes durante la excursión?

    — Sí, fue terrible que _____

G. *Past perfect subjunctive.* Un/a amigo/a le pregunta si alguien hizo algo. Conteste negativamente y explique lo que habría pasado si lo hubiera hecho.

   ► ¿Conseguiste el dinero?   *No, no lo conseguí. [Si lo hubiera conseguido habría comprado el cassette que me interesa.]*

1. ¿Habló Ricardo con su jefa?

    _____

2. ¿Había mucha gente en la función?

    _____

3. ¿Corriste en las competencias deportivas del colegio?

    _____

4. ¿Averiguó la policía quién fue el asesino?

    _____

5. ¿Se reunieron los obreros en la fábrica o en el sindicato?

    _____

H. Pero *and* sino. Para cada pregunta se dan dos posibles respuestas. Complételas con **pero** o **sino**, según el contexto.

► ¿Vas a ir al cine?
   a. No quiero ir, *pero* tengo que ir porque te dije que iba a ir contigo.
   b. No quiero ir al cine *sino* a la discoteca.

1. ¿Tienes que estudiar biología?

   a. No tengo que estudiar biología _____ geología.

   b. No tengo que estudiar biología, _____ quiero.

2. ¿Conoces a Samuel?

   a. No lo conozco _____ sé quién es.

   b. No conozco a Samuel _____ a su hermano.

3. ¿Estudias francés?

   a. No estudio francés _____ quisiera estudiarlo.

   b. No estudio francés _____ español.

4. ¿Vives en el dormitorio?

   a. No vivo en el dormitorio, _____ me gustaría.

   b. No vivo en el dormitorio _____ en un apartamento moderno cerca de la universidad.

5. ¿Comiste en la cafetería?

   a. No comí en la cafetería _____ en un restaurante muy pequeño de la Calle Ocho.

   b. No comí en la cafetería _____ me hubiera gustado.

6. ¿Perteneces al Partido Liberal?

   a. No pertenezco al Partido Liberal, _____ me gusta su plataforma.

   b. No pertenezco al Partido Liberal _____ al Partido Conservador.

I. *Review of object and reflexive pronouns.* ¡Siempre listo para responder! Complete los siguientes mini-diálogos imaginativamente, usando pronombres en sus respuestas.

► En el restaurante, el camarero pregunta: ¿Les traigo el menú (a ustedes)?
   Usted: *Sí, tráiganoslo, por favor. (No, no nos lo traiga.)*

1. En la peluquería, el peluquero pregunta: ¿Cómo le corto el pelo? ¿largo o corto?

   Usted: _____

2. En la consulta del doctor, el doctor pregunta: ¿De qué se queja usted?

   Usted: _____

3. En la tienda de ropa, el empleado pregunta: ¿Quiere que le enviemos el paquete a su hermana directamente?

   Usted: _____

4. En un taxi, el chofer pregunta: ¿Adónde los llevo (a ustedes)?

   Usted: _____

5. En la clase, su compañero/a pregunta: ¿Me hablas a mí?

   Usted: _____

6. En una fiesta, su amigo/a pregunta: ¿Pero por qué nos trajiste tanta cerveza?

   Usted: _____

IV. Composición

J. Escoja el que más le interese entre los siguientes tres temas, y escriba unas 100-150 palabras.

1. Imagínese que usted es el crítico de gastronomía de un periódico. Escriba una crónica de su visita a un restaurante famoso de la ciudad o pueblo donde vive usted.

2. Cuente cómo habría sido su vida si cierta cosa no hubiera ocurrido. Por ejemplo, imagínese lo que le habría pasado si usted no hubiera venido a estudiar a esta universidad o si no hubiera conocido a una persona determinada.

3. Dé su opinión sobre el texto *En contacto* y el cuaderno. Es decir, escriba una crítica del material que usted ha usado para aprender español.

_____

_____

_____

_____

_____

_____

_____

_____

_____

¿Recuerda usted?

Imperfect versus preterit. Complete la siguiente autobiografía con las formas apropiadas de los infinitivos que se dan entre paréntesis. Use el pretérito o el imperfecto, según el contexto.

Me llamo Eugenio Jiménez. _____ (Nacer) en Miami, Florida. Mis padres

_____ (venir) de Cuba cuando _____ (ser) más jóvenes y

_____ (conocerse) y _____ (casarse) en Fort Lauderdale.

Cuando (yo) _____ (tener) cuatro años, mi mamá me _____ (llevar) a casa

de mi abuela, que _____ (vivir) muy cerca. Ella se encargaba de mí mientras mis padres

_____ (trabajar). Como ella no _____ (hablar) inglés, (yo)

_____ (aprender) a hablar español como mi lengua nativa. Después _____

(aprender) a hablar inglés y mis amigos americanos dicen que tengo acento extranjero.

En España

Complete el siguiente juego de palabras, siguiendo las pistas *(clues)* que aparecen debajo. No ponga letras donde haya puntos negros.

1	V						
2		A					
3			L				
4				E		●	●
5	●			N			
6	●				C		●
7	●					I	
8							A

1. Pronombre personal que se usa especialmente en España.
2. Grupo de islas españolas al noroeste de África.
3. Otro grupo de islas al este de España.
4. Unidad monetaria española.
5. Ciudad en el sur de España con mucha influencia árabe; allí se encuentra La Alhambra.
6. Continente al sur de España.
7. Ciudad al noroeste de Madrid, famosa por su alcázar.
8. Ciudad situada cerca de la frontera con Francia, muy conocida por sus Fiestas de San Fermín.

Lección 24
Actividades de laboratorio

Estudio de palabras

Actividad 1. Usted va a oír dos oraciones, *a* y *b,* dos veces. En su cuaderno, indique si las dos oraciones son *iguales* o *diferentes* en significado.

▶ a. La gastronomía catalana es muy interesante.   Usted marca *iguales.*
   b. Las comidas catalanas son muy interesantes.

	Iguales	*Diferentes*			*Iguales*	*Diferentes*
1.	_____	_____		5.	_____	_____
2.	_____	_____		6.	_____	_____
3.	_____	_____		7.	_____	_____
4.	_____	_____		8.	_____	_____

Actividad 2. Usted va a oír una oración incompleta dos veces. En su cuaderno, seleccione la palabra, *a, b, c* o *d,* que mejor complete la oración.

▶ Voy a tomar café con leche y voy a pedir...
   ✔ a. un pastel _____ b. un disco _____ c. una lección _____ d. una lectura

	a	*b*	*c*	*d*
1.	_____ historia	_____ fábrica	_____ librería	_____ estación
2.	_____ asistir	_____ molestar	_____ recordar	_____ pasar
3.	_____ una librería	_____ una historia	_____ una lectura	_____ una biblioteca
4.	_____ abrupta	_____ actual	_____ severa	_____ graciosa
5.	_____ quitar	_____ perder	_____ asistir	_____ recordar
6.	_____ pasar	_____ recordar	_____ molestar	_____ asistir
7.	_____ librería	_____ discoteca	_____ función	_____ lectura

Estructuras útiles

Actividad 3. Usted va a oír una pregunta y dos respuestas dos veces. En su cuaderno, marque la respuesta correcta, *a* o *b.*

▶ ¿Qué sabes de Caracas?
   a. Muy poco. Si hubiera vivido allí, sabría algo.   Usted marca *a.*
   b. Muy poco se sabe de Caracas.

	a	*b*			*a*	*b*
1.	_____	_____		5.	_____	_____
2.	_____	_____		6.	_____	_____
3.	_____	_____		7.	_____	_____
4.	_____					

Comprensión oral

Actividad 4. Usted va a oír una pregunta y una respuesta dos veces. En su cuaderno, indique si la respuesta es *lógica* o *absurda*.

▶ — ¿Quieres hablarle al empleado?   Usted marca *absurda*.
   — No, no quiero que le hables.

	Lógica	*Absurda*		*Lógica*	*Absurda*
1.	_____	_____	4.	_____	_____
2.	_____	_____	5.	_____	_____
3.	_____	_____	6.	_____	_____

Dictado

Actividad 5. Usted va a escuchar un telegrama dos veces. Escríbalo en su cuaderno. Después pare la cinta y escriba el telegrama en oraciones completas no "telegráficas".

Dictado

1. _____
2. _____
3. _____
4. _____

Oraciones completas

1. _____
2. _____
3. _____
4. _____

Repaso 1
Lecciones 1, 2, 3

I. Estructuras útiles

A. Complete each of the following sentences with the correct present-tense forms of **ser.** *(Lección 1)*

1. ¿Tú _____ de Costa Rica, Jorge? ¿y José y Pilar _____ de España?
2. No, José, Pilar y yo _____ de Costa Rica. ¿De qué país _____ tú?
3. ¿Yo? Pues yo _____ de Canadá.
4. Ud. _____ mecánico y Alicia y Laura _____ enfermeras, ¿verdad?
5. No, yo no _____ mecánico; _____ profesor. Alicia y Laura sí _____ enfermeras.

B. Ask a classmate to identify the items shown in the following illustrations. Be sure to use the correct form of the indefinite article. *(Lección 2)*

S1: *¿Qué es esto?*
S2: *Es una silla.*

1.

4.

2.

5.

3.

6.

C. Change the following questions to the plural. *(Lección 2)*

▶ ¿Es un disco?   *¿Son unos discos?*

1. ¿Es un mapa?
2. ¿Es un papel?
3. ¿Es una ciudad?
4. ¿Es un lápiz?
5. ¿Es una lección?
6. ¿Es un profesor?
7. ¿Es una universidad?
8. ¿Es un cassette?

D. Identify the nationality of the following persons, using the appropriate form of the adjectives of nationality. *(Lección 2)*

► Sarita / Costa Rica   *Sarita es costarricense.*

1. tú / Canadá
2. él / Argentina
3. nosotros / Inglaterra
4. ellas / Perú
5. usted / Japón
6. tú y Alicia / España

E. Identify the occupation or profession of the following people, using the appropriate form of the noun. *(Lección 2)*

1. Eugenia trabaja en un hospital: es _____.
2. El señor Pabón y tú trabajan en una fábrica de automóviles: son _____.
3. Nosotras estudiamos es una universidad: somos _____.
4. El señor Laredo tiene muchos estudiantes: es _____ de historia.
5. El hijo de Miguel estudia medicina:es _____.

F. Say if you do or do not do the activities mentioned on the days indicated. Then, using the names given, state that the following people do the activities on the days mentioned. *(Lección 3)*

► estudiar español / lunes (Luisa y Marcos)   *Estudio español los lunes. Luisa y Marcos también estudian español los lunes. (No estudio español los lunes. Luisa y Marcos sí estudian español los lunes.)*

1. escuchar discos / martes (tú)
2. esperar el autobús / miércoles (tú y Jorge)
3. buscar los libros / jueves (Marta)
4. bailar la salsa / viernes (Marta y Felipe)
5. mirar televisión / sábado (Alvaro)
6. trabajar / domingo (Leonor)

G. Complete the following paragraph with the appropriate forms of the definite article (**el, la, los,** or **las**). Check to make sure that the paragraph makes sense after you have completed it. *(Lección 3)*

Consuelo Hernández es estudiante. Estudia en _____ Universidad de California en _____ Ángeles. _____ filosofía y _____ arte son sus asignaturas favoritas. Vive en un apartamento con dos amigas en _____ ciudad. Consuelo no estudia en _____ apartamento. Estudia en _____ laboratorio. Estudia _____ martes y jueves, pero _____ viernes y _____ sábados le gusta bailar con su amigo Raúl en _____ Club Latino.

H. Complete each of the following sentences with the appropriate form of the definite article, if needed. *(Lección 3)*

1. Buenos días, _____ señorita Gómez.
2. _____ señora Rodríguez es dentista.
3. _____ Señor Gutiérrez, ¿hay una universidad por aquí?
4. _____ señor Alonso trabaja en una fábrica de automóviles.
5. ¿Le gusta cantar, _____ señora Hernández?

I. Find out whether your classmates and instructor have the same tastes as you do. Use **te gusta(n)** to address your classmates and **le gusta(n)** to address your instructor. You may use the following nouns or infinitives, or others that you have learned. *(Lección 3)*

las novelas inglesas	las computadoras	la salsa	estudiar
mirar la televisión	los sábados	trabajar	viajar
escuchar la radio	leer periódicos	bailar	caminar
el tango y el bolero	los libros de texto	cantar	esperar

► Pepe, ¿te gusta la salsa?   *Sí, me gusta mucho la salsa. (No, no me gusta.)*
► Profesor/a, ¿le gustan las matemáticas?   *Sí, me gustan mucho. (No, no me gustan.)*

II. Vocabulario

J. Match the following words with their proper definition.

1. ¿dónde?		a. what?	
2. hasta		b. then	
3. pues		c. where?	
4. pero		d. until	
5. ¿qué?		e. also	
6. también		f. which?	
7. entonces		g. but	
8. ¿cuál?		h. well	
		i. for	
		j. more	

K. Choose the most logical rejoinder to each sentence in the left-hand column.

1. ¿Cómo está, Srta. Ruiz?   a. En el Club Bellavista.
2. ¿Qué es esto?   b. No, pero me gusta cantar.
3. ¿Te gusta bailar?   c. Hasta pronto.
4. ¿Dónde hay una fiesta?   d. Es una computadora.
5. Adiós, Pepe.   e. Bastante bien, gracias.
          f. Es cubana.

L. Supply the suggested number of Spanish words and expressions for each category.

1. 5 classroom items   6. 3 expressions used in greetings
2. 4 days of the week   7. 3 expressions used in farewells
3. 5 course subjects   8. 3 modern languages
4. 3 subject pronouns   9. 3 occupations or professions
5. 4 adjectives of nationality

M. Make up addition and subtraction problems, using numbers from 0-20. Be ready to supply the correct answers.

► S1: *¿Cuántos son diecinueve más uno?*   S2: *Son veinte.*
► S1: *¿Cuántos son diez menos tres?*   S2: *Son siete.*

III. Usted es intérprete

N. Express the following conversation in Spanish.

1. — Are you Linda Thompson?
   — No, my name is Linda Smith.
2. — Are you from San Diego?
   — Yes, I'm from San Diego, California.
3. — Are you a student?
   — No, I'm a nurse.
4. — Where do you work?
   — I work in the Santa Cruz Hospital in Guadalajara.
5. — Do you like Guadalajara?
   — Yes, very much.

Repaso 2
Lecciones 4, 5, 6

I. Estructuras útiles

A. Complete each of the following sentences with a **de** phrase showing possession or close relationship. *(Lección 4)*

► Me gustan . . . .   *[los discos de Juan]*

1. . . . viven en Santiago.
2. Me gusta bailar con . . . .
3. . . . es médico.
4. Voy a leer . . . .
5. ¿Vas a escuchar . . . ?
6. . . . se llama Raúl.

B. Ask to whom the following things belong. Then reply that they belong to the people indicated in parentheses, using the appropriate form of the possessive adjective. Clarify the use of **su/sus** with the appropriate name. *(Lección 4)*

► ¿el cuaderno azul? (Ramón)   S1: *¿De quién es el cuaderno azul?*
                                S2: *Es su cuaderno. Es el cuaderno de Ramón.*

1. ¿los libros rojos? (Silvia)
2. ¿la computadora alemana? (nosotros)
3. ¿los cassettes ingleses? (yo)
4. ¿los sándwiches y el café? (los estudiantes)
5. ¿la revista norteamericana? (Teresa)
6. ¿los pesos mexicanos? (Víctor)
7. ¿el café? (tú)
8. ¿las cervezas? (Laura y Vanesa)

C. Say that you do or do not see the following people or objects. Use the personal **a** when necessary. *(Lección 4)*

► mi hermano   *Veo a mi hermano. (No veo a mi hermano.)*

1. mis libros
2. la profesora de español
3. los discos de Pepe
4. Julia y Graciela
5. el policía
6. el primo de Carlos

D. Say whether there are the following places in your city or town. *(Lección 4)*

► lago   *Hay un lago en mi pueblo. (No hay un lago en mi pueblo.)*

1. una librería
2. un río
3. bancos
4. muchos museos
5. hoteles
6. un teatro
7. un parque
8. una biblioteca
9. unos hospitales
10. una universidad
11. restaurantes
12. una fábrica de discos

E. Complete each of the following sentences with the correct present-tense form of **estar.** *(Lección 5)*

1. La librería San Marcos _____ en el centro de la capital.
2. ¿Dónde _____ el mercado y la iglesia Santa María, señor?
3. ¿Cómo _____ hoy, Paquita? Y tu hermana, ¿ _____ bien?
4. Diego _____ muy cansado porque trabaja y estudia mucho.
5. Yo _____ con mis amigos en el estadio.
6. ¿Dónde _____ tú todos los días, en la universidad?

F. Ask what the following people are talking about. Then say what they are talking about and where they are going today. *(Lección 5)*

► ¿la profesora? el arte antiguo / museo   S1: *¿De qué habla la profesora?*
                                               S2: *Habla del arte antiguo. Hoy va al museo.*

1. ¿Marta? los libros / librería
2. ¿tú? la comida / cafetería
3. ¿yo? la policía / cárcel
4. ¿los turistas? el teatro / ciudad
5. ¿tú y Luis? los cursos / universidad
6. ¿los niños? los amigos / parque
7. ¿ustedes? el avión / aeropuerto
8. ¿nosotros? el hotel / pueblo de León

G. Ask if the following people are going to do one of the activities indicated or the other. Then reply with the activity that you prefer. *(Lección 5)*

► Lucía y Rafa / visitar el museo / ir al cine   S1: *¿Lucía y Rafa van a visitar el museo o van a ir al cine?*
                                                  S2: *Van a [ir al cine].*

1. tú / comprar discos / buscar un tocadiscos
2. Alicia / tomar té / preparar café
3. Félix y tú / escuchar la radio / mirar (la) televisión
4. tú y yo / trabajar en casa / estudiar en la biblioteca
5. tú / ir al banco / regresar a casa
6. David / caminar por la ciudad / tomar un autobús

H. Ask ten questions about the following scene, using the interrogatives from the list. *(Lección 5)*

¿adónde?	¿cómo?	¿dónde?	¿cuántos/as?
¿cuándo?	¿qué?	¿por qué?	¿quién/es?
¿de dónde?	¿cuál/es?	¿cuánto/a?	

I. Ask for a description of the following people. Then reply, using the correct form of an appropriate descriptive adjective from the list. *(Lección 6)*

viejo	bajo	pelirrojo	severo
delgado	guapo	moreno	inteligente

► tu papá   S1: *¿Cómo es tu papá?*
              S2: *Mi papá es [delgado].*

1. la mujer de la Calle 15
2. las dos muchachas nuevas
3. el profesor de economía
4. la señorita de la librería
5. el bebé de tu prima
6. tus hermanos

J. Answer the following questions logically, using the model as your guide. *(Lección 6)*

► Yo siempre *(always)* bebo café. ¿y Alberto? ¿y tú?   *Alberto siempre bebe té, pero yo bebo café.*

1. Mi hermano siempre come sándwiches. ¿y tú? ¿y Luisa?
2. Don Carlos siempre asiste al teatro. ¿y tú y tus hermanos? ¿y Ángela?
3. Ustedes siempre aprenden mucho. ¿y nosotros? ¿y tus amigos?
4. Tú siempre lees revistas en inglés. ¿y ellos? ¿y nosotros?
5. Carlota siempre escribe a Miguel. ¿y tú? ¿y sus amigas?
6. Los señores Ureña siempre reciben dinero del banco. ¿y ellas? ¿y tú?

K. React to the following comments from a friend with an appropriate exclamation, using **qué** and a word from the list. *(Lección 6)*

lástima	inteligente	tonto	activa
barbaridad	bueno	interesante	horrible

► Tina trabaja diez horas al día.   *¡Qué barbaridad! (¡Qué mujer más activa!)*

1. Mi prima está en el hospital.
2. Hablo cuatro lenguas modernas.
3. Estoy cansado hoy.
4. Voy a España para pasar las vacaciones.
5. Pepe y yo vamos a mirar la televisión.
6. Necesito dinero.

L. Describe how someone you know does the following activities. Use the adjectives mentioned to form adverbs in **-mente.** *(Lección 6)*

► leer / rápido / inglés   *[Alicia] lee rápidamente en inglés.*

1. cantar / horrible / hoy
2. comer / frecuente / centro
3. bailar / general / sábados
4. escribir / claro / pizarra
5. trabajar / normal / almacén
6. aprender / fácil / todo

M. Complete each of the following sentences with the correct present-tense forms of **ser** or **estar.** *(Lección 6)*

1. El escritorio no _____ de metal.
2. La iglesia _____ en la Plaza San Martín.
3. Marta y su hermana _____ de Guatemala, ¿verdad?
4. Eduardo y Luis _____ enfermos y van al hospital.
5. ¿Dónde _____ tu primo Carlos? ¿en casa?
6. ¡Este examen _____ una cosa terrible!
7. ¿No _____ de Sara la cámara automática?
8. El señor Ruiz _____ policía, ¿no?

N. Ask questions about the following people, using the correct present-tense forms of **ser** or **estar.** *(Lección 6)*

► Pepe / de Argentina   *¿Es de Argentina Pepe?*

1. la profesora / en la clase
2. tus hermanos / inteligentes
3. yo / alto/a
4. tú / de Nueva York
5. todas nosotras / aquí
6. tu amiga / triste

II. Vocabulario

O. Give the antonyms of the following descriptive adjectives.

1. alegre
2. tacaño
3. tonto
4. gordo
5. hermoso
6. activo
7. pesimista
8. nervioso
9. simpático

P. Where would you go with the following people? Mention an appropriate place in Río Verde from the map on page 89 of the text.

▶ un niño de doce años   *al estadio*

1. una joven de veinte años
2. la señora García, que es enfermera
3. el señor Díaz, que busca un libro de filosofía
4. tu prima Sofía, que aprecia mucho el arte
5. un bebé de un año
6. una amiga que desea comer

Q. Give the letter for the English equivalent of the following expressions.

1. ¡Qué barbaridad!	a. Whose is it?
2. ¿Estás cansada?	b. What are you doing around here?
3. ¿Qué haces por aquí?	c. What luck!
4. ¡Estoy rabioso!	d. Are you tired?
5. Estoy triste.	e. How amazing!
6. ¿De quién es?	f. To whom?
7. De nada.	g. I'm furious!
	h. You're welcome.
	i. I'm sad.

III. Usted es intérprete

R. Express in Spanish the following conversation between a tourist and a customs agent.

1. — Do you live in Mexico?
   — No, I'm from the United States. I'm traveling in Mexico.
2. — Where do you live in Mexico?
   — At Hotel Imperial, 15 Madero Street, Mexico City.
3. — What is the telephone number of your hotel?
   — 2 6 7 0 8 4 6.
4. — Why are you traveling in Mexico?
   — Because I want to learn Spanish.
5. — How many days are you going to be in Mexico City?
   — One week.
6. — Thank you very much.
   — You're welcome.

IV. Composición

S. Write a dialogue in Spanish, based on the following situation.

Anita Ortiz is a young Peruvian girl who is going to spend her vacation in New York (**Nueva York**). She is looking for a bank because she needs to exchange **soles** for dollars. She asks you where the International Bank is. You tell her that it is quite far, about ten blocks from there. She asks you if she can go there by bus. You say yes, and she can also go on foot. Anita is tired and decides to take a taxi. Anita thanks you, and you respond politely that she is welcome.

Repaso 3
Lecciones 7, 8, 9

I. Estructuras útiles

A. Complete cada frase con una expresión apropiada con **tener**. *(Lección 7)*

► No es posible aprender español en dos semanas; Uds. ＿＿＿.   *tienen razón*

1. Yo ＿＿＿; por eso *(and so)* voy a beber un poco de agua.
2. Siempre comemos tacos y tortillas cuando ＿＿＿.
3. No podemos ir al concierto porque no quedan entradas; no ＿＿＿.
4. ¿Por qué no abres la ventana? ¿＿＿＿?
5. El año próximo voto en las elecciones; ＿＿＿ diecisiete años.
6. Tú trabajas mucho; por eso siempre ＿＿＿.
7. Ella enciende el acondicionador de aire porque ＿＿＿.

B. Diga cinco cosas que tiene que hacer antes de terminar la semana. *(Lección 7)*

► *Tengo que comprar mis libros.*

C. Diga tres cosas que hay que hacer en estas situaciones. *(Lección 7)*

para tener éxito en la vida   para vivir bien
para aprender bien una lengua   para comprar una casa

D. Complete cada diálogo con un pronombre apropiado, según el contexto. *(Lección 7)*

► S1: ¿A quién le gusta el ballet clásico?   *mí*
S2: ¡A ＿＿＿ me gusta mucho!

1. — Patricia, ¿vas al estadio con Fernando y Luis?
   — No, no voy con ＿＿＿; voy con Clara.
2. — Señor Díaz, dicen que usted es pintor, como Picasso.
   — Pues estudio arte, pero no soy un artista famoso como ＿＿＿.
3. — ¿Es verdad que a Carlos le gusta Hortensia?
   — Entre tú y ＿＿＿, ¡es la verdad!
4. — Nicolás dice que todos van al cine después de clase.
   — ¡Pues Marta no va! Todos van menos ＿＿＿.
5. — ¿Para quién es el disco de canciones populares españolas?
   — Es para ＿＿＿, David. Es bueno para practicar español.
6. — ¿Qué comida les gusta a Uds.?
   — A Pablo le gusta la pizza pero a ＿＿＿ me gustan las enchiladas.
7. — ¿Aló, Sr. González? ¿Está Ud. ocupado en este momento?
   — No, no estoy ocupado, Srta. Ramírez. Puede pasar por mi oficina y hablar con＿＿＿.

E. Explique por qué usted nunca dice o hace las cosas mencionadas, usando el verbo indicado en su respuesta. *(Lección 7)*

► Mi amigo José siempre **pone** programas violentos cuando ve tele-   *pongo programas violentos*
   visión. No me gusta ver violencia en la televisión y no . . . .

1. Luisa es artista y **sale** los lunes a pintar en el parque. Yo no soy artista y no . . . .
2. Mis hermanos **hacen** los problemas de cálculo. A mí no me gusta estudiar y no . . . .
3. Fina es argentina y siempre **dice** expresiones como «vamos, che». Yo soy ecuatoriano y por eso no . . . .
4. Mi primo siempre **trae** vino cuando viene a comer con nosotros. A mí no me gusta el vino y no . . . .

5. Paco **viene** a la universidad en tren porque vive muy lejos. Yo vivo muy cerca y . . . .
6. Mi tía **tiene** un carro porque vive lejos de su trabajo. Yo vivo cerca de mi trabajo y por eso no . . . .

F. Pregunte cuánto cuestan los siguientes objetos. Use la forma apropiada de los adjetivos demostrativos en su pregunta. Responda usando la cantidad *(quantity)* entre paréntesis y el pronombre demostrativo correcto. *(Lección 8)*

► el estéreo que tengo yo ($100)   S1: *¿Cuánto cuesta este estéreo?*
                                     S2: *¿Ése? Cuesta cien dólares.*

1. el bote de motor que está allá ($2.000)
2. el velero que tengo yo ($5.000)
3. el camión que está allá ($20.000)
4. la máquina de escribir que tiene usted ($75)
5. las filmadoras que tiene usted ($180)
6. la copiadora que tengo yo ($110)

G. Usted va a dar una fiesta para celebrar la graduación de un/a amigo/a. Conteste las siguientes preguntas sobre esa fiesta con **sí** o **no**. Use la forma apropiada del pronombre de objeto directo en la respuesta. *(Lección 8)*

► ¿Vas a dar la fiesta en tu casa?   *Sí, voy a darla en mi casa. (No, no voy a darla en mi casa.)*

1. ¿Vas a invitar a Quique y a Mencha?
2. ¿Vas a llamar a José?
3. ¿Vas a comprar la comida?
4. ¿Vamos a escuchar discos?
5. ¿Vas a mostrar las fotos de la clase?
6. ¿Voy a tener que llevarte al mercado?
7. ¿Y voy a tener que llevarlos a Uds. al centro también?

H. Complete cada oración con la forma apropiada del verbo entre paréntesis. *(Lección 8)*

► Laura dice que ella _____ practicar el alpinismo como deporte. (preferir)   *prefiere*

1. Yo no _____ por qué mis padres hacen eso. (entender)
2. ¿Por qué _____ tanto tu hermano? (mentir)
3. Uds. _____ la verdad y así tienen problemas. (negar)
4. Tu hermana _____ el televisor cuando estudia. ¡Es increíble! (encender)
5. Mis padres _____ la paciencia algunas veces. (perder)
6. Nosotros _____ todas las puertas de la casa antes de salir, ¿no? (cerrar)

I. Complete las oraciones con frases lógicas. Use la forma apropiada del verbo indicado. *(Lección 8)*

► ¡Tú **apruebas** la idea de vender el velero, pero yo . . . !   *no apruebo esa idea*

1. Yo nunca **almuerzo** en casa y mi hermana . . . en un restaurante.
2. Mi hermano y yo siempre **dormimos** bien; mis padres, al contrario, ...
3. Ustedes **vuelven** a la playa el sábado, pero yo . . . .
4. Este coche es barato y **cuesta** sólo cinco mil dólares; aquellos coches son caros y . . . .
5. Nunca **encuentro** mis papeles cuando los busco; usted por lo menos los . . . .
6. Frecuentemente **juego** al tenis con Paquita, pero tú, al contrario, no . . . .
7. El señor Hernández siempre **recuerda** mi nombre, pero sus hijos no lo . . . .
8. Yo **puedo** ir a la excursión; tú y tu hermana, al contrario, no . . . .

J. Conteste las preguntas, usando una expresión afirmativa o negativa de la lista. *(Lección 9)*

algún	alguien	siempre	también
nadie	nada	ningún	nunca
jamás	ni . . . ni . . .	tampoco	algo

► ¿Comes mucho por la mañana?   *Sí, siempre como mucho por la mañana. (No, no como nada por la mañana.)*

1. ¿Cuándo lees periódicos del Japón?
2. ¿Tienes automóvil o motocicleta?

3. ¿Vas al teatro cuando hay un drama de Calderón de la Barca?
4. Tus amigos no bailan mucho. ¿y tú?
5. ¿Qué tienes en la mano?
6. A mí me gustan mucho las películas de misterio. ¿y a ti?
7. ¿Es verdad que alguien en tu familia tiene tres televisores a colores?
8. ¿Conoces un buen fotógrafo?

K. Haga seis oraciones lógicas con las siguientes palabras y expresiones. Varíe el sujeto y no use los verbos más de una vez *(once)*. *(Lección 9)*

nosotros	pedir	cinco entradas
yo	repetir	frecuentemente
ellas	seguir	dinero
tú	despedir	raras veces
él	elegir	al hombre en el aeropuerto
usted	conseguir	a mis padres
tú y tu prima		los refranes
ella		al candidato

► *Ella despide al hombre en el aeropuerto.*

L. Haga oraciones lógicas con las siguientes palabras y expresiones. *(Lección 9)*

1. yo / conocer / cuñado / pero / no conocer / suegros
2. yo / dar / dinero / iglesia / cada *(each)* semana
3. yo / saber / información / necesario / investigación
4. yo / traducir / libros / español / inglés

M. Complete cada diálogo con la forma apropiada de **saber** o **conocer,** según el contexto. *(Lección 9)*

1. —¿_____ a Leonor?
   —Sí, pero ¿quién está con ella?
   —Se llama Darío y _____ jugar al tenis muy bien.
2. —¿_____ tú escribir a máquina?
   —No, pero Luisa sí _____.
   —No _____ a Luisa. ¿Quién es?
   —Vive en mi dormitorio. Es muy simpática y _____ tocar la guitarra. De verdad creo que tú la _____.
   Ella estudia español también.

II. Vocabulario

N. Agrupe *(Group)* cada una de las siguientes palabras en una de las categorías indicadas: (1) deportes, (2) objetos útiles, (3) miembros de la familia, o (4) medios de transporte.

el sobrino	el avión	la secadora	la vela
el patinaje	el suegro	el camión	el videodisco
el bote	el alpinismo	la grabadora	el nieto
la natación	el barco	el cuñado	la cancha

O. Dé un verbo relacionado con cada uno de los siguientes sustantivos.

► patinaje *patinar*

1. el recuerdo
2. la distracción
3. la entrevista
4. la preferencia
5. la creencia
6. el dibujo
7. la participación
8. el saludo
9. la necesidad

P. Dé un sustantivo relacionado con cada uno de los siguientes verbos.

▶ informar   *la información*

1. vivir	4. investigar	7. emplear
2. aplaudir	5. responder	8. comer
3. esquiar	6. telefonear	9. lavar

Q. Dé por lo menos tres palabras o expresiones que en su opinión están relacionadas con la palabra o expresión indicada.

▶ concierto   *entrada, taquilla, música*

1. pagar	4. regata	7. aparato eléctrico
2. velero	5. beber	8. novios
3. fotógrafo	6. entrevistar	9. examen

III. Usted es intérprete

R. Exprese en español los siguientes diálogos.

1. — What movie do you want to see now?
   — *I can't live without you!*
2. — Why do you have to go to the airport now?
   — Because my fiancé is arriving from Mexico.
3. — Whom are you going to bring to the party?
   — My friend Isabel and her cousin Héctor.
4. — Do you like rock concerts?
   — No, I prefer classical music.
5. — Do you remember Rosita?
   — Rosita? Do I know her?

IV. Composición

S. Usted tiene una fiesta en su dormitorio o apartamento. Escriba una composición de por lo menos ocho líneas o prepare una descripción oral sobre su fiesta. Incluya información sobre sus invitados *(guests)*, las actividades en la fiesta y qué piensan sus amigos de la fiesta.

Repaso 4
Lecciones 10, 11, 12

I. Estructuras útiles

A. Diga si las personas indicadas hicieron o no las siguientes cosas y especifique cuándo. Use el pretérito de los verbos. *(Lección 10)*

► yo / entrar en el Club Marino   *Yo entré en el Club Marino [ayer]. (Yo no entré en el Club Marino [la semana pasada].)*

1. Fernando / salir de la casa
2. Teresa / comer en un restaurante
3. mis amigos / escuchar un concierto de rock
4. Yuriko y Yoshi / volver al Japón
5. yo / empezar mis estudios
6. tú / practicar el alpinismo
7. nosotras / llegar temprano
8. ustedes / escribir al candidato

B. Complete las siguientes oraciones con **por** o **para** según el contexto. *(Lección 10)*

1. ¿_____ quién es esta máquina de escribir, señorita?
2. Mi amigo está enfermo; voy a trabajar _____ él.
3. Mi madre trabaja _____ una compañía industrial muy importante.
4. Si no tienes carro, paso _____ ti en el de mi familia.
5. Te doy este libro _____ el que tienes allí. ¿Quieres?
6. Necesito más tiempo _____ terminar el proyecto.
7. Potosí es famoso _____ sus minas de estaño.
8. _____ mí, patinar es más fácil que nadar.
9. _____ ser tan joven, Pepita es muy adulta.
10. ¿Puedes hacerme ese favor _____ las tres de la tarde?

C. Complete cada oración con la forma correcta de un adjetivo apropiado de la lista. *(Lección 10)*

bueno	cualquier	primero	alguno
malo	grande	tercero	ninguno

► Conozco un _____ restaurante chino por aquí; sirven comida buena y barata.   *buen*

1. Cervantes es un _____ autor que murió en España en 1616.
2. _____ día quiero pasar las vacaciones en Puerto Rico.
3. Nueva York es una ciudad _____ con millones de habitantes.
4. No veo a _____ de mis amigas en el parque.
5. _____ persona puede entrar en el banco hasta las nueve.
6. Para este examen tienen que usar un lápiz número dos. No pueden usar _____ otro tipo de lápiz.
7. El _____ mes del año es marzo.
8. Vamos a ir de viaje el _____ de junio.

D. Conteste las siguientes preguntas, usando el pretérito de los verbos indicados. *(Lección 11)*

1. ¿Dónde **anduviste** cuando **fuiste** al parque nacional?
2. ¿Quién **vino** contigo anoche a la cafetería?
3. ¿Qué **trajiste** para la comida hoy?
4. ¿**Estuviste** en el campo *(country)* el sábado pasado?
5. ¿A qué hora **tuvieron** ustedes que salir de casa esta mañana?

6. ¿Por qué no **pudieron** reunirse contigo tus hermanos para celebrar el Año Nuevo?
7. ¿Quién **tradujo** este documento del inglés al español?
8. ¿Dónde **pusiste** mis papeles?
9. ¿Quién no **quiso** asistir a clase ayer?
10. ¿Adónde **fueron** ustedes el fin de semana?

E. Complete las siguientes oraciones con la forma apropiada de los pronombres de objeto indirecto. *(Lección 11)*

1. A ti _____ doy un dólar, a él _____ doy dos dólares y a ustedes _____ doy tres dólares a cada uno. Y todos ustedes _____ dan las gracias por los préstamos *(loans)*.
2. ¡Pedro es una maravilla! _____ escribe a ti todos los lunes, _____ escribe a Alfredo todos los miércoles, y _____ escribe a nosotros todos los viernes.
3. Ya hice todo mi trabajo. Al jefe _____ preparé una traducción, a las coordinadoras _____ preparé varios documentos y a usted _____ preparé una lista de precios.
4. Nos gusta hacer actividades muy diferentes. A mí _____ gusta bailar, a ti y a Margarita _____ gusta pintar, y a Jaime _____ gusta dibujar.
5. No quiero mostrar_____ a usted esta escultura. Tampoco quiero mostrar_____ la escultura a mis padres. Sin embargo, si Luisa quiere, _____ voy a mostrar la escultura a ella. ¡Ella sí que sabe apreciar el arte!

F. Conteste a un/a compañero/a de clase que quiere saber el tiempo que Ud. lleva en las siguientes actividades. *(Lección 11)*

► jugar al tenis   *Hace media hora que juego al tenis.*

1. practicar el alpinismo
2. trabajar en la oficina
3. esperar el autobús
4. escuchar la radio
5. vivir en esta casa
6. estar en un hotel elegante

G. Diga cuándo pasaron las siguientes cosas, usando una expresión de tiempo de la lista indicada. *(Lección 11)*

media hora	una semana	un mes
un año	diez minutos	dos horas

► salir del cine   *Hace dos horas que salí del cine. (Salí del cine hace dos horas.)*

1. escribir a mis padres
2. salir de mi casa
3. entregar el examen
4. conseguir un buen empleo
5. comer en ese restaurante
6. estar en el hospital

H. Complete las siguientes oraciones con la forma apropiada del pretérito de los verbos entre paréntesis. *(Lección 12)*

1. Ayer yo le _____ a Jorge diez dólares para ir al concierto de guitarra clásica. (pedir)
2. Andrés, ¿ _____ los boletos de ida y vuelta a Los Ángeles? (conseguir)
3. Todos nosotros nos _____ mucho cuando Alberto nos mostró las fotos de Tomás en el avión. (reír)
4. El agente me _____ dos veces que debo hacer las reservaciones inmediatamente. (repetir)
5. Anoche Consuelo y yo nos _____ de nuestros amigos en casa de los Rodríguez. (despedir)
6. ¿Es verdad que los estudiantes _____ a Ramón como representante de la clase? (elegir)
7. ¿Por qué _____ Clara doce horas anoche? ¿Porque llegó muy tarde? (dormir)
8. Oí que el abuelo de Jorge _____ el mes pasado. (morir)

I. Conteste en forma negativa con frases lógicas. Suprima *(Omit)* los sustantivos en sus respuestas, usando un nombre adjetivo *(nominalization)*. *(Lección 12)*

► ¿Vas a comprar la motocicleta roja?   *No, voy a comprar la verde.*

1. ¿Conoces a la joven alta que está allí con Teresa?
2. ¿La mujer que compró la mesa es tu mamá?
3. ¿Te gustan los calcetines de muchos colores?

4. ¿Conoces las ruinas de Cuzco?

5. ¿Vas en el autobús que sale a las dos?

J. Complete las siguientes oraciones con la forma apropiada del presente o pretérito de los verbos entre paréntesis, según el contexto. *(Lección 12)*

1. Yo _____ que Mayra viene a la fiesta. ¿Sabes tú si viene? (imaginarse)
2. Este aterrizaje fue malo. Voy a _____ del piloto. (quejarse)
3. Yo _____ Diego. ¿Y usted, señor? ¿Cómo _____? (llamarse)
4. ¿ _____ de mí, Sr. Rosado? Yo _____ de Ud. Fui su estudiante hace dos semestres. (acordarse)
5. Mencha y yo _____ mucho anoche. ¿y tú? ¿ _____ en la fiesta? (divertirse)
6. Mis abuelos _____ a Chile el año pasado. Consiguieron mucha ropa de invierno bonita allí. (irse)
7. Luisa, ¿por qué _____ ayer cuando Ricardo te invitó a bailar? ¡Yo no _____ cuando él me invita! (enojarse)

K. Diga cuáles de las siguientes cosas **le gustan, no le gustan, le interesan, le encantan** o **le molestan** a usted y a otras personas que usted conoce. *(Lección 12)*

► las serpientes   *No me gustan las serpientes, pero a mi primo Roberto le gustan y le interesan.*

1. la biología
2. cantar
3. el dinero
4. las fiestas
5. los melodramas de la televisión
6. las películas del oeste americano

II. Vocabulario

L. Diga en qué estación ocurren estas situaciones e imagine qué tiempo hace. ¡Sea creativo!

► Tengo que usar abrigo, gorro, bufanda, botas y guantes. ¡Cuánta ropa! Es . . . .   *el invierno y hace un frío horrible*

1. Los señores Martínez están en la playa. Es . . . .
2. Mi hermana va a una fiesta de Año Nuevo. Es . . . .
3. Hoy comienza el año académico en mi universidad. Es . . . .
4. ¡Ayer vi las primeras flores *(flowers)* del año! Es . . . .
5. Beto me invitó a salir, pero no quise ir porque no me gusta ni la vela ni la natación. Es . . . .
6. El martes vamos a elegir a un nuevo gobernador y representantes. Es . . . .

M. Dé por lo menos tres palabras o expresiones relacionadas con cada una de las palabras o expresiones indicadas.

► expresiones de tiempo   *ayer, el mediodía, el sábado pasado*

1. el horario
2. la economía
3. la fecha
4. la ropa deportiva
5. la burocracia
6. vestirse elegante
7. discutir
8. el turista
9. despertarse

N. Dé la palabra que falta en cada grupo de palabras relacionadas.

Sustantivo	Adjetivo	Verbo
el comercio	?	comerciar
?	importante	importar
?	mejorado	mejorar
la discusión	discutido	?
la prevención	?	prevenir
la urgencia	?	urgir
la enfermera	enfermo	?
la necesidad	necesario	?

III. Usted es intérprete

O. Exprese en español la siguiente conversación entre dos hombres de negocios.

Sr. Gómez: Where are you going for your vacation?
Sr. Alonso: To the same place (where) I went in 1984: to Punta del Este.
Sr. Gómez: Do you have your passport?
Sr. Alonso: I understand that I don't have to have a passport for Uruguay.
Sr. Gómez: Well, I met a Uruguayan who said to me that I have to have a passport.
Sr. Alonso: Don't worry, he doesn't know anything.
Sr. Gómez: Well, he's the customs officer at the airport in Montevideo!

IV. Composición

P. Imagine que usted es uno/a de los viajeros en el dibujo que sigue. Hable del viaje e incluya la siguiente información.

1. quién viaja
2. la hora del día
3. el medio de transporte
4. la estación del año

5. el propósito del viaje
6. el sitio a dónde van
7. el costo (cost) del viaje
8. la fecha y hora de regreso (return)

ISLA VERDE
1 Km

Repaso 5
Lecciones 13, 14, 15

I. Estructuras útiles

A. Diga que Ud. quiere hacer las siguientes actividades, pero alguien que Ud. conoce no quiere que Ud. las haga. *(Lección 13)*

▶ enamorarse muy joven   *Yo quiero enamorarme muy joven, pero [mis padres] no quieren que me enamore muy joven.*

1. escuchar música hasta tarde
2. almorzar con un amigo/a
3. andar en motocicleta
4. comprar cosas extravagantes
5. dar una fiesta en su casa
6. cambiar de profesión

B. Exprese su reacción personal a las siguientes situaciones. Use algunas de las expresiones impersonales de la lista en sus comentarios. *(Lección 13)*

es horrible que   es bueno que   es importante que   es increíble que
es urgente que   es malo que   es dudoso que   es absurdo que

▶ Enrique trabaja el día de su graduación.   *¡[Es absurdo] que Enrique trabaje el día de su graduación!*

1. Confío mucho en mis padres.
2. Esa mujer está muy enferma.
3. Pablo y su hermano encuentran difícil el concurso.
4. Tú y yo escuchamos las noticias del día.
5. Esas muchachas buscan un empleo mejor.
6. El jefe manda los documentos.
7. Los estudiantes nunca se quejan de la comida de la cafetería.
8. Los empleados del aeropuerto declaran una huelga.

C. Compare las cualidades *(qualities)* de las personas indicadas. Use **más** o **menos** + adjetivo o adverbio + **que.** *(Lección 13)*

▶ esos indios / optimista / éstos   *Esos indios son más (menos) optimistas que éstos.*
▶ David / conducir / rápidamente / Diego   *David conduce más (menos) rápidamente que Diego.*

1. esas jefas / listo / aquéllas
2. Pepe / hablar inglés / frecuentemente / su primo
3. el Sr. Díaz / esperar instrucciones / pacientemente / su hija
4. estas carreras / conocido / las otras
5. doña Matilde / escuchar / seriamente / don Mateo
6. ese señor / simpático / aquél

D. Don Alberto y otros miembros de su familia están en Bogotá y quieren comprar ropa. Diga si es probable que compren o no compren **más de** o **menos de** la cantidad mencionada. *(Lección 13)*

▶ Don Alberto quiere comprar veinte camisas.   *Es probable que compre (que no compre) más de (menos de) veinte camisas.*

1. Su esposa y él quieren comprar un guante.
2. Su hija menor quiere comprar dos sombreros.
3. Su hija mayor quiere comprar diez vestidos.
4. Sus cuñados quieren comprar tres bufandas.

5. Su suegra quiere comprar una sandalia.
6. Su hermano quiere comprar cinco impermeables.

E. Diga que usted duda que las personas indicadas hagan las actividades mencionadas. *(Lección 14)*

► ¡Todos los jóvenes beben mucho!   *Dudo que todos los jóvenes beban mucho.*

1. Tu y tus compañeros/as de cuarto comen en exceso.
2. El gobierno pide más dinero para la educación.
3. Mi hermano menor consigue un empleo este verano.
4. Tú asistes a todas las reuniones del club de español.
5. Mi amigo/a no recibe jamás una carta de su familia.
6. Hoy día los estudiantes no piensan en su futuro.
7. El Departamento de Transporte Público prohibe el uso de motocicletas dentro de la ciudad.
8. Todos se divierten en la recepción del nuevo presidente de la universidad.

F. Diga quién es el **más famoso, arrogante,** etcétera, de todos los amigos y parientes de usted. Use cinco de los siguientes adjetivos. *(Lección 14)*

extraordinario/a	misterioso/a	serio/a
arrogante	pesimista	simpático/a
moderno/a	creativo/a	famoso/a

► *Para mí, Catalina es la más simpática de mis amigas.*

G. Compare los siguientes objetos o individuos. Use el comparativo o el superlativo de **bueno**, **malo**, **grande** o **pequeño**. *(Lección 14)*

► chocolate / chocolate   *Este chocolate es mejor que ése. Es el mejor de los chocolates que tengo.*

1. muchacha / enfermera

2. casa / casa

3. cocina / sala

4. ángel / diablo

5. torta / helado

6. hombre / hombre

H. Diga que alguien que Ud. conoce **se alegra de que** o **se enoja de que** ocurra lo siguiente. *(Lección 15)*

► Yo hago un viaje a Valparaíso.   *[Mi amiga Luz] se alegra de que (yo) haga un viaje a Valparaíso.*

1. Pepe trae un informe interesante a la clase.
2. Conocemos bien a Madrid.
3. No sé dónde están los discos.
4. Yo soy optimista.
5. Leonor y yo no venimos a la clase mañana.
6. Tú vas a la piscina esta tarde.
7. No hay tiempo para conversar.
8. No pongo el carro en el garaje.
9. Hace fresco hoy.

I. Compare las cualidades *(qualities)* de los objetos mencionados. Use la expresión **tan . . . como** en sus comparaciones. *(Lección 15)*

► La casa de Pepe es grande y la casa de Eduardo también.   *La casa de Pepe es tan grande como la casa de Eduardo.*

1. Esta taza es delicada y ésa también.
2. Esta canasta es cara y la otra también.
3. Estos objetos de madera son baratos y ésos también.
4. Esos platos son típicos y los otros también.
5. Esta artesanía es bien trabajada y ésa también.
6. Esta hamaca es pequeña y la otra también.

J. Compare cómo dos personas que usted conoce muy bien hacen las siguientes actividades. Use la expresión **tan . . . como** en sus comparaciones. *(Lección 15)*

► tejer fácilmente   *[Mi prima] teje tan fácilmente como [mi abuela].*

1. cantar alegremente
2. esquiar mal
3. contestar gentilmente
4. discutir los asuntos efectivamente
5. olvidar los nombres frecuentemente
6. explicar todo bien

K. Conteste las siguientes oraciones afirmativamente, y diga **lo bueno** o **lo malo** de las situaciones descritas (described). *(Lección 15)*

▶ ¿Sabes que Enrique vive cerca de la playa?   *Sí, lo sé. Lo bueno es que [podemos visitarlo mucho].*
(Sí, lo sé. Lo malo es que [él no sabe nadar].)

1. ¿Sabes que compré un carro viejo?
2. ¿Sabes que el Museo de Bellas Artes está cerrado?
3. ¿Sabes que el presidente no tiene teléfono?
4. ¿Sabes que hay una venta especial en el centro?
5. ¿Sabes que mi mejor amigo se casó?
6. ¿Sabes que mañana no hay clases?

L. Complete la selección que sigue con la forma apropiada de los infinitivos entre paréntesis. El contexto determinará el uso del indicativo o del subjuntivo. *(Lecciónes 13, 14, 15)*

Es verdad que yo nunca _____ (levantarse) a tiempo. No soy perezoso, pero tampoco soy la persona más dinámica del mundo. Es que me gusta dormir. Sin embargo, no me gusta que mi compañero de cuarto _____ (dormir) hasta la tarde, porque entonces tengo que hacer todo en silencio. Guillermo, mi compañero de cuarto, me dice que yo _____ (poner) la radio mucho, que _____ (hablar) en exceso y me pide que no _____ (caminar) por el cuarto temprano, que no esto y que no lo otro. Yo creo que cuando dos personas viven juntas _____ (tener) que adaptarse la una a la otra. Pero Guillermo quiere que yo _____ (cambiar) mi manera de vivir, y él no quiere cambiar su forma de vida. Creo que el año próximo _____ (ir) a buscar un nuevo compañero de cuarto. Quiero que mi nuevo compañero de cuarto no _____ (escuchar) música hasta tarde, no _____ (usar) mucho el teléfono, no _____ (cantar) en el cuarto de baño, no _____ (empezar) una conversación cuando yo tengo que estudiar, no _____ (tocar) ningún instrumento musical y no _____ (levantarse) muy temprano. Sobre todo, ¡quiero que mi compañero de cuarto no _____ (ser) Guillermo!

II. Vocabulario

M. Dé un verbo o adjetivo relacionado con los sustantivos indicados. Luego use cada nueva palabra en una oración original.

▶ duda   *dudar: Dudo que vengan hoy.*

1. almuerzo
2. dolor
3. entrevista
4. economía
5. comida
6. interés
7. saludo
8. abrazo
9. cambio
10. uso
11. venta
12. visitante

N. Dé un antónimo o un sinónimo para cada frase.

▶ comenzar   *Antónimo: acabar (Sinónimo: empezar)*

1. olvidar
2. primero
3. famoso
4. temer
5. antes de
6. apagar
7. sobre
8. hermoso
9. ojalá

O. Responda a las siguientes preguntas, usando expresiones apropiadas de la lista.

¡Pero todavía tengo calor!   Sí, con frecuencia.
No, voy este fin de semana.   Sí, poco a poco.
Viajo por todas partes.   No tengo ganas.
Lo que todo el mundo bebe.   Voy de camino.
Quizás la semana entrante.   ¡Claro que sí!

1. ¿Aprendes a hablar español?
2. ¿Vas a ayudarme?
3. ¿Cuándo va usted a terminar el proyecto?
4. ¿Puedes cerrar las ventanas, por favor?
5. ¿Escribes a tu novia cuando viajas?
6. ¿Estás muy cansado con todas estas actividades?
7. ¿Vas a la playa esta tarde?
8. ¿Qué quieres tomar?

P. Complete la siguiente conversación entre el señor Fernández, su esposa y el camarero. Escoja los platos del menú.

MENÚ DEL DÍA

ENTREMESES	PESETAS		CARNES Y AVES	PESETAS
Coctel de aguacates	175		Ternera a la	
Coctel de camarones	190		Criolla	400
Ensalada mixta	150		Pollo asado	300
			Filete de vaca	360
SOPAS			Pavo en frío	360
Consomé al jerez	100			
Sopa de verdura	150		LEGUMBRES	
			Judías verdes	100
HUEVOS			Guisantes	100
Tortilla española	125		Legumbres mixtas	100
Tortilla francesa	220			
Huevos fritos con			POSTRES	
jamón	270		Helados	90
			Torta de queso	160
PESCADO			Flan al caramelo	120
Lenguado frito al			Pasteles	160
limón	450			
Merluza tropical	450		BEBIDAS	
Langosta en salsa			Gaseosas	100
de limón	600		Café o té	60
			Vino o cerveza	60

Camarero: ¿Qué van a tomar ustedes primero?
Sra. Fernández: Pues yo voy a tomar . . . .
Sr. Fernández: Y yo quiero . . . .
Camarero: ¿Prefiere usted carne, pescado o ave de corral?
Sra. Fernández: Pues yo quiero . . . , y para legumbres quiero . . . .
Sr. Fernández: Yo voy a tomar . . . .
Camarero: ¿Y para beber?
Sra. Fernández: . . . .
Sr. Fernández: . . . .
Camarero: ¿Algo más?
Sra. Fernández: . . . .
Sr. Fernández: . . . .

III. Usted es intérprete

Q. Exprese en español los siguientes diálogos.

Luisa:	Do you want to go to the movies?
Fabiola:	Yes, but I doubt (that) we can arrive there on time.
Luisa:	What time does the film begin?
Fabiola:	I think it begins at eight.

Ricardo:	I'm glad Pablo is coming to the party.
Enrique:	Well, I hope he brings some records!
Ricardo:	I'm sure he won't forget to bring them.
Enrique:	You're an optimist!

Pedro:	What are you going to serve for supper?
Rafaela:	Chicken with rice, a salad, and ice cream.
Pedro:	Great! Can I invite my sister to eat with us?
Rafaela:	I don't want you to invite her this time. This isn't the best chicken with rice in the world.

IV. Composición

R. Usted es fotógrafo para la revista *Visiones de hoy*. Escoja tres fotografías (una de cada una) de las *Lecciones 13, 14 y 15* en su texto. Describa cada foto y comente dos o tres cosas generales del país de cada foto.

Repaso 6
Lecciones 16, 17, 18

I. Estructuras útiles

A. Diga que unas personas hacían una cosa mientras las otras hacían otra cosa. Use el imperfecto de los verbos. *(Lección 16)*

► ustedes / fotografiar el partido / yo / servir de árbitro

    Ustedes fotografiaban el partido mientras yo servía de árbitro.

1. él / correr en el parque / ella / jugar al baloncesto
2. tú / desayunarse / tus hermanas / levantarse
3. yo / lavarse / Uds. / vestirse
4. usted / leer una novela / ellas / estar en el cine
5. ella / organizar el laboratorio / nosotros / hacer los experimentos
6. nosotras / abrir la tienda de campaña / ellos / preparar la comida

B. Complete los siguientes párrafos con la forma apropiada del pretérito o del imperfecto de los verbos entre paréntesis, según el contexto. *(Lección 16)*

1. ¡Imagínate! Cuando tú me _____ (llamar) anoche para invitarme a tomar un café, yo ya _____ (estar) en la cama y por eso seguramente pensaste que yo _____ (estar) enfermo. No _____ (poder) hablar ni pensar, ¡yo no sé qué te _____ (decir)!
2. El profesor quiere que yo escriba una composición sobre mi infancia. Tengo que decir que de joven yo _____ (vivir) en la costa y que me _____ (gustar) montar en bicicleta y que _____ (nadar) muy bien. ¡A quién puede interesarle una vida tan monótona!
3. El martes pasado (yo) _____ (ir) a visitar a Mercedes. Ella, su hermano Rodrigo y yo _____ (pasar) la tarde con fotografías y libros viejos de la familia. Yo no _____ (tener) interés en tanta cosa vieja, pero cuando _____ (comprender) la importancia que todo eso _____ (tener) para ellos, _____ (cambiar) de actitud y _____ (pasar) una tarde maravillosa.
4. De joven yo _____ (ser) muy seria. Me _____ (gustar) leer historias de jóvenes heroicas como Juana de Arco y Mariana Pineda. Me _____ (imaginar) que yo _____ (ser) una heroína como ellas, y me _____ (identificar) con ellas. Tengo que confesar que todavía soy muy idealista.

C. Conteste cada pregunta de una forma enfática, usando la forma larga de los adjetivos posesivos apropiados. *(Lección 16)*

► Mi estéreo es viejo, pero tú tienes uno nuevo, ¿no?

    Sí, el estéreo mío es nuevo. (No, el estéreo mío no es nuevo.)

1. ¿Es verdad que Miguel es tu primo?
2. Las pinturas de Picasso son muy complejas, ¿verdad?
3. Ana María tiene los ojos de color café, ¿no?
4. Dime la verdad. ¿Mi reputación en la universidad es muy mala?
5. No estoy seguro por qué todas esas maletas grandes están por allí. ¿Son nuestras esas maletas?

D. Usted y sus cinco hermanos regresan del centro donde han comprado muchas cosas. Su madre les pregunta de quién son los distintos artículos de ropa. Use la forma apropiada del pronombre posesivo. *(Lección 16)*

► ¿De quién es esta corbata? ¿Es tuya?   *Sí, es mía.*
► ¿De quién son estas camisas? ¿Son tuyas?   *No sé, pero no son mías.*

1. ¿De quién es este suéter azul, de Luis?
2. ¿De quién son estos zapatos, de Vanesa?

3. ¿De quién es esta bolsa roja? ¿Es de Marta o es tuya?
4. ¿De quién son estas faldas? ¿Son de Teresa y Laura?
5. ¿De quién son estos abrigos, de ustedes?
6. ¿De quién son estas gafas, de Antonio?

E. El jefe de la oficina donde usted trabaja les da muchas órdenes a los empleados. Exprese sus mandatos con **usted** o **ustedes** y los verbos indicados. *(Lección 17)*

▶ Srta. López / abrir / sala de conferencia   *Srta. López, abra (usted) la sala de conferencia, por favor.*

1. Sr. González / dejar esta correspondencia / coordinadora
2. Sra. Blanco / subir este documento / señor Trigo / noveno piso
3. Sr. Gómez / no discutir / este asunto / oficina
4. Sr. Gutiérrez y Sr. Álvarez / no aceptar cheques / sin verificación
5. Srta. Lozano y Srta. Moreno / enseñar a usar / procesadora de palabras / Sr. Bravo
6. Sra. Alonso / escribir / carta / para las cinco

F. Usted no tiene tiempo hoy para ayudar a su amigo/a a terminar los preparativos *(plans)* de su viaje próximo a Panamá. Sugiérale que los dos hagan todas las siguientes actividades mañana. *(Lección 17)*

▶ ¿Buscamos un agente de turismo?   *No lo busquemos ahora; busquémoslo mañana.*

1. ¿Compramos los billetes de avión esta tarde?
2. ¿Conseguimos un mapa de Panamá?
3. ¿Cambiamos dólares por cheques de viajero?
4. ¿Nos comunicamos con nuestro amigo en Balboa?
5. ¿Leemos este libro sobre el Canal de Panamá?
6. ¿Vamos a la oficina de pasaportes?

G. Complete las siguientes conversaciones con la forma apropiada de un verbo de la lista. Use la forma recíproca del verbo. *(Lección 17)*

ayudar   escribir   saludar   encontrar
conocer   hablar   ver

1. — Como Rosa ahora vive en Guatemala, sólo podemos _____ por teléfono.
   — Sí, pero también pueden _____, ¿verdad?
2. — ¿Tú y Rafa _____?
   — Claro, y también _____ con las tareas.
3. — ¿Qué pasó? Juanita y Eduardo eran muy buenos amigos y ya no _____.
   — Ya nunca _____ y no sé por qué.
4. — Ayer Miguel y yo _____ en el teatro.
   — ¿Y qué te dijo? Él y yo no _____ con mucha frecuencia.

H. Complete las siguientes oraciones con el pretérito o el imperfecto de los verbos **conocer, saber, querer** y **poder,** según el contexto. *(Lección 17)*

1. Ayer yo _____ a la Sra. Díaz en la tienda y me dijo que ella ya me _____ a mí. Me parece que ella se equivocó.
2. — ¿Tú _____ que el Sr. Gómez es abuelo?
   — Sí, yo lo _____ el martes pasado.
3. Yo _____ esa motocicleta pero no _____ comprarla porque era muy cara.
4. Nosotras _____ la noticia de su regreso esta mañana.
5. Cuando los vi me dijeron que _____ ir al centro para comprar ropa. Sin embargo, no _____ ir a causa de la lluvia.
6. — ¿Carmen y tú _____ al orador antes de la conferencia?
   — Claro, lo _____ cuando fuimos a buscarlo en el aeropuerto.

I. Termine las oraciones lógicamente. ¡Atención al uso correcto de las preposiciones **a** y **de** antes de un infinitivo! *(Lección 17)*

▶ Voy a dedicarme . . . . porque me fascina.   *a [leer este libro]*

1. Yo me arrepiento . . . , pero no me arrepiento . . . .
2. Ahora comienzo . . . .
3. ¿Quién te enseñó . . . ?
4. Ahora que soy adulto dejé . . . .
5. Creo que todo el mundo se atreve . . . , pero yo me niego . . . .
6. No sé por qué tú nunca te decides . . . . ¿Es que empiezas . . . ?

J. Complete la siguiente narración con la forma apropiada del pretérito o del imperfecto de los verbos entre paréntesis. *(Lecciones 16 y 17)*

Un día desastroso

    Ayer yo _____ (despertarse) más tarde que de costumbre. _____ (Bañarse) y _____ (vestirse) de prisa y salí de casa sin pensar en nada. No _____ (desayunarse) ni _____ (despedirse) de nadie. Claro que _____ (llegar) tarde a clase y _____ (tener) que pasar por la primera fila, frente al profesor. _____ (Sentarse) y _____ (ver) que todo el mundo _____ (escribir). ¡Qué horror! ¡_____ (Ser) día de exámenes! El profesor Ruiz _____ (darme) las preguntas pero yo no comprendí nada; las preguntas _____ (bailar) frente a mis ojos, y yo no _____ (saber) muchas respuestas. Todas mis clases ese día _____ (ser) un desastre. A las doce _____ (morirme) de hambre y _____ (ir) a comer en la cafetería. Pero la comida _____ (estar) fría y tampoco _____ (estar) buena. Por la tarde, cuando _____ (volver) a casa, _____ (cenar) con la familia y _____ (volver) a ser persona. _____ (Divertirse) un poco con mis hermanos, _____ (estudiar) y _____ (acostarse) a las once y media. Creo que _____ (dormirme) en seguida, ¡porque no recuerdo nada más de ese día desastroso!

K. Complete cada oración con frases apropiadas. Use uno de los verbos entre paréntesis y el presente del subjuntivo o del indicativo, según el contexto. *(Lección 18)*

▶ Es preferible que ustedes . . . . (observar, subir, aparecer)   *[suban en seguida]*

1. Espero que mañana tú . . . . (despertarse, levantarse, vestirse)
2. Siento mucho que ustedes . . . . (subir, esperar, dejar de)
3. Vicente me dice que Ud. siempre . . . . (pensar, mentir, desilusionar)
4. Me alegro de que esas muchachas . . . . (ser, poder, tener)
5. Tengo miedo de que los niños . . . . (salir, perder, romper)
6. Quiero que usted . . . . (sentirse, escribir, proteger)
7. Oí que ella . . . . (aceptar, creer, pertenecer)
8. Sé que todo el mundo . . . . (querer, anticipar, esperar)
9. Dudo que nadie . . . . (considerar, arreglar, dejar de)

L. Complete cada oración con una frase descriptiva apropiada. Use uno de los verbos entre paréntesis y el presente del subjuntivo o del indicativo, según el contexto. *(Lección 18)*

▶ Necesitamos una administración universitaria   *[considere las preocupaciones estudiantiles]*
    que . . . . (considerar, ejercer)

1. ¿Tiene usted una amiga que . . . ? (ser, estar)
2. En esta universidad hay una profesora que . . . . (conocer, querer)
3. ¿Conoce usted un chico que . . . ? (jugar, preferir)
4. ¿Dónde se encuentra un señor que . . . ? (poder, tener)
5. Conocemos a un periodista que . . . . (buscar, insistir)
6. No conozco una persona que . . . . (saber, arreglar)
7. Aquí hay un estudiante que . . . . (pensar, vestirse)
8. No tengo amigas que . . . . (identificarse, negar)

M. Complete cada oración con una conjunción de la segunda columna y una terminación original. Use el presente del subjuntivo o del indicativo, según el contexto. *(Lección 18)*

▶ *Entrevisto a la campeona [para que me hable de sus experiencias deportivas].*

1. Entrevisto a la campeona	a. de modo que . . . .
2. Voy al partido	b. para que . . . .
3. Participamos en la competencia	c. ya que . . . .
4. El gobierno fomenta los deportes	d. puesto que . . . .
5. No pienso cambiar mi vida	e. antes (de) que . . . .
6. Tenemos instalaciones deportivas	f. a menos que . . . .
7. Organizamos una competencia deportiva	g. aunque . . . .
8. Voy a viajar a Costa Rica	h. cuando . . . .
9. No espera una derrota	i. después (de) que . . . .
10. Juega estupendamente	j. hasta que . . . .

N. Diga quién le compró los siguientes objetos a quién, usando pronombres de objeto directo e indirecto. *(Lección 18)*

▶ el reloj: Luis a Andrés   *¿El reloj? Luis se lo compró.*

1. la novela: Marta a ti
2. los guantes: ellos a nosotros
3. las tazas de plata: tú a tu cuñada
4. la corbata azul: usted a mí
5. el sombrero: yo a usted
6. las blusas: la mamá a sus hijas

O. Diga que las personas del Ejercicio N ahora quieren enviarle los objetos a las personas a quienes se los compraron. *(Lección 18)*

▶ el reloj: Luis a Andrés   *¿El reloj? Pues ahora Luis quiere enviárselo.*

II. Vocabulario

P. Dé tres palabras más en cada categoría.

1. cabeza, pie, mano . . .
2. cemento, hierro, acero . . .
3. gallina, caballo, perro . . .
4. tenis, fútbol, voleibol . . .
5. primero, segundo, tercero . . .
6. mariposa, culebra, elefante . . .
7. abrelatas, lavaplatos, paraguas . . .
8. punto, guión, comillas . . .

Q. Dé un sustantivo relacionado con cada verbo.

1. entrar
2. necesitar
3. organizar
4. preservar
5. despertarse
6. jugar

R. Complete las oraciones con palabras apropiadas, según el contexto.

1. La _____ es un animal nativo de África y tiene un _____ sumamente largo.
2. *La Voz de los Jóvenes* es un _____ de una estación de radio. La estación ofrece un _____ que este mes es un radiorreloj.
3. Generalmente las casas son de _____ o de _____, pero los grandes edificios son de _____ y de _____.
4. El edificio donde yo vivo tiene tres pisos. En el _____ piso vive una señora que es médica. En el _____ piso vivo yo y en el _____ viven unos amigos míos.

S. Use la forma apropiada de las siguientes palabras para completar el diálogo entre Paco y su prima Ester. Ellos se sientan a ver un partido de fútbol en el estadio de la universidad.

temeroso   acabar   atrever   yegua
equitación   atleta   entrenarse   jugador

Paco: Éste va a ser un partido magnífico. Nuestros _____ son fantásticos porque _____ todos los días.
Ester: ¿Quién es el mejor _____ del equipo?
Paco: Es mi amigo José. ¿Lo recuerdas? _____ de conocerlo, cuando entramos al estadio.
Ester: ¡Sí, claro! ¿Y juega otros deportes?
Paco: Le interesa montar a caballo. La semana entrante va a participar en la competencia de _____.
Ester: Es uno de mis deportes favoritos. ¿Recuerdas la _____ que yo tenía y que tanto me gustaba montar?
Paco: ¡Cómo no! Y yo tenía mucho miedo de ese animal y no me _____ a montarlo.
Ester: ¡Qué muchacho más _____! La "Maja" era un animal muy noble.

III. Usted es intérprete

T. Exprese los siguientes diálogos en español.

1. — That's Juan de Verbena. Do you know him?
   — I didn't know him before, but I met him this morning.
2. — We didn't arrive early because we had to go back for the mail.
   — I hope you have the film that I need.
3. — Let's begin to work now! What do you think?
   — I don't feel well. I should go see my doctor, Dr. García.
   — Don't see him! My doctor, Dr. Rivera, is much better than yours.
4. — I'm looking for a place where I can play tennis.
   — I don't know where you can play tennis, but I know a gym where you can train for other sports.

IV. Composición

U. Escriba una composición sobre los siguientes dibujos e incluya esta información: quiénes son estas personas, de qué hablaron por teléfono, qué querían hacer, dónde se encontraron, cómo pasaron el día y cómo terminó el día. Use el pretérito y el imperfecto de algunos de los siguientes verbos.

beber   encontrarse   leer   salir
comer   escuchar   llamar   saludarse
conducir   hablar   nadar   sentarse
contestar   ir   regresar   tomar

Repaso 7
Lecciones 19, 20, 21

I. Estructuras útiles

A. Exprese sus reacciones hacia las siguientes situaciones. Use expresiones como **me parece bien (mal) que, es una lástima que, es horrible que, dudo que** y el imperfecto del subjuntivo. *(Lección 19)*

▶ Roberto llegó tarde a clase.   *[Me parece mal que] llegara tarde a clase.*

1. Luisa se entrenaba en la piscina todos los días.
2. Miguel no se graduó con su clase.
3. Esa chica desapareció el mes pasado.
4. Estos jóvenes discutían y hacían ruido continuamente.
5. Los estudiantes se dedicaron a la política.
6. Diego pudo ir a trabajar en la capital.
7. Yo conseguí un estante barato en la mueblería Martínez.
8. Nosotros fuimos al Departamento de Vivienda para conseguir un apartamento.

B. Explique que en su pueblo la acción mencionada no es típica, pero que alguien que Ud. conoce sí hace la acción. Use la construcción impersonal reflexiva. *(Lección 19)*

▶ comer tacos   *En mi pueblo no se comen tacos, pero yo sí los como.*

1. casarse todos jóvenes
2. hablar español y francés
3. trabajar hasta tarde
4. dormir la siesta
5. pertenecer a muchos clubes
6. tocar muchos instrumentos
7. beber vino con la comida
8. jugar deportes profesionalmente

C. Complete las siguientes oraciones con frases lógicas. Use la forma apropiada del pronombre relativo **que, quien, el que, la que,** etcétera. *(Lección 19)*

▶ Ésta es la muchacha con . . . .   *quien [quiero casarme]*
▶ Éste es el joven . . . .   *que [vi ayer]*

1. Ése es el hombre . . . .
2. Ésos son los médicos de . . . .
3. Ése es el laboratorio para . . . .
4. Éstos son los amigos . . . .
5. Aquél es el niño para . . . .
6. Aquéllas son las cortinas con . . . .

D. Complete las siguientes preguntas con **qué, cuál** o **cuáles** y contéstelas con una definición o con el nombre del dueño o de la dueña de la tienda. *(Lección 19)*

▶ ¿_____ es una frutería?   S1: *¿Qué es una frutería?*
                                  S2: *Es una tienda donde se vende fruta.*
▶ ¿_____ es la mejor frutería de aquí? S1: *¿Cuál es la mejor frutería de aquí?*
                                  S2: *Es la frutería de doña Ángela.*

1. ¿_____ es una pescadería?
2. ¿_____ es una carnicería?
3. ¿_____ es la mejor pescadería de este barrio?
4. ¿_____ es una librería?
5. ¿_____ es la librería más grande del centro?
6. ¿_____ son las mejores carnicerías de esta ciudad?

E. Explique que las personas mencionadas harán las acciones indicadas en un mes futuro. *(Lección 20)*

► ¿Ricardo piensa buscar empleo?   *Sí, buscará empleo en [mayo].*

1. ¿Tus hermanos piensan hacer un documental cultural?
2. ¿Usted piensa establecerse en el suroeste del país?
3. ¿Tu familia piensa salir de México?
4. ¿Tú y Pedro piensan irse al bosque nacional?
5. ¿Tú piensas exhibir tus cuadros en el Museo de Bellas Artes?
6. ¿Elena piensa volver a su pueblo?

F. Explique lo que dijeron las siguientes personas. Use el condicional en sus respuestas. *(Lección 20)*

► Rosa dice que va a trabajar en Mérida.   *Rosa dijo que trabajaría en Mérida.*

1. Los actores dicen que no van a desilusionar a su público.
2. Yo digo que voy a informarle al director de mi decisión.
3. Tú dices que vas a poner tu colección de arte azteca en exhibición.
4. Mario dice que va a venir al canal de televisión con los otros escritores.
5. Mi hermana dice que no va a salir con Juan.
6. Gustavo dice que no va a volver a casa jamás.

G. A las siguientes personas les gusta hacer las acciones indicadas como pasatiempo. Diga dónde Ud. supone que estén cuando hacen esas actividades. *(Lección 20)*

► A Mónica le gusta leer.   *Estará en [la biblioteca].*

1. A Luis y a Enrique les gusta ver películas.
2. A ti te gusta exhibir cuadros.
3. A Carlos le gusta bailar.
4. A ustedes les gusta nadar.
5. A ti te gusta fotografiar el paisaje.
6. A mi mamá le gusta esquiar.

H. Diga ahora dónde posiblemente estaban ayer las personas del Ejercicio G cuando no podían hacer sus pasatiempos favoritos. *(Lección 20)*

► *Mónica estaría en [la playa].*

I. Diga que las siguientes personas actúan hoy en forma diferente a la normal. *(Lección 20)*

► Ricardo _____ simpático, pero hoy _____ antipático.   *es, está*

1. Tú _____ generosa, eso es verdad. Pero en lo del viaje a Nueva York, _____ muy tacaña.
2. Mi padre _____ una persona muy activa, pero veo que hoy _____ bastante perezoso. No sé qué le pasa.
3. Mis abuelos _____ optimistas, pero ahora _____ pesimistas por las noticias del accidente.
4. No comprendo por qué esa señora _____ nerviosa hoy. En general _____ muy tranquila.
5. Esos niños normalmente _____ alegres, pero hoy _____ tristes porque murió su cantante favorito.
6. Yo _____ preocupada ahora y por eso no hablo mucho. Pero en realidad _____ una persona muy habladora.

J. Usted está en un viaje de camping con su amigo Julio. Dé órdenes afirmativas a su amigo, usando las siguientes frases. *(Lección 21)*

► levantarse temprano   *¡Levántate temprano!*

1. hacerme una lista de precios
2. poner la tienda de campaña allí
3. sacar la comida del carro
4. buscar el mapa
5. ir a la tienda de comestibles
6. sentarse debajo del árbol
7. decirme lo que pasó

K. Dé las mismas órdenes que aparecen en el Ejercicio J en forma negativa a su amigo, y añada otra orden. *(Lección 21)*

▶ *¡No te levantes temprano! ¡Quédate en la cama!*

L. Imagínese que usted está en los siguientes lugares. Pida varios favores con mucha cortesía, usando el imperfecto del subjuntivo de los verbos entre paréntesis. *(Lección 21)*

1. Usted está en un banco y necesita cambiar un billete *(bill)* de cien pesos. (querer)
2. Usted está en el correo y quiere comprar unos sellos y una tarjeta postal. (poder)
3. Usted está en la plaza de una ciudad mexicana y necesita saber la dirección del hotel La Nueva Caledonia. (poder)
4. Usted está en un restaurante y olvidó su dinero. Pídale al camarero que acepte su reloj y su carnet de identidad mientras trae el dinero. (poder)

M. Exprese sus emociones o sus deseos frente a las situaciones indicadas. Use una cláusula con **si** y el imperfecto del subjuntivo. *(Lección 21)*

▶ No hay fiesta mañana.   *¡Ay, si hubiera fiesta mañana!*

1. No tenemos dinero en este momento.
2. Sus amigos no vienen hoy.
3. El cheque no llega hoy en el correo.
4. No podemos tener vacaciones este año.
5. Necesitamos ayuda legal pero no conocemos ningún abogado bueno.
6. No sabemos la respuesta a esa pregunta.
7. No existe ninguna solución perfecta.
8. Me siento enfermo/a.

N. Dé su opinión o exprese su actitud hacia las situaciones indicadas. Use cláusulas con **como si.** *(Lección 21)*

▶ Susana no viaja, pero habla de otros países . . . .   *como si viajara mucho*

1. Leticia no comprende, pero contesta . . . .
2. Esos muchachos no son mis amigos, pero me visitan . . . .
3. Mi abuelo no tiene mucho dinero, pero se viste . . . .
4. A mi padre no le gusta la música, pero va a los conciertos . . . .
5. No estamos locos, pero gritamos en ese partido . . . .
6. Tú no sufres, pero te quejas de todo . . . .

II. Vocabulario

O. Divida la clase en grupos de cinco o seis personas. Cada grupo debe nombrar seis palabras o expresiones relacionadas con cada una de las siguientes categorías.

1. la solicitud de empleo
2. los muebles
3. el correo
4. las ocupaciones y las profesiones
5. palabras con los prefijos **co-** y **re-**
6. expresiones para usar en la correspondencia

P. Defina en español.

▶ una mueblería   *Es la tienda donde se venden muebles.*

1. el recreo
2. un carnet de conducir
3. un cartero
4. el bachillerato
5. típico
6. una telenovela
7. una agencia de colocaciones
8. estar de acuerdo
9. egoísta
10. un pueblo natal

III. Usted es intérprete

Q. Exprese los siguientes diálogos en español.

1. — Why did Diego settle down in the city?
   — He thought he could live better there.
2. — Where do they sell (does one sell) records in this town?
   — They sell records in that store over there.
3. — What's the name of the woman you worked for last summer?
   — I don't remember. I think her name is Josefina de García.
4. — Which magazine do you want?
   — I'd like that one, please.
5. — I wonder where Luis is?
   — He's probably at the library.
6. — Could you do me a favor?
   — Yes, if you'll do one for me, too.
7. — Why don't you buy that television set?
   — If I had money, I'd like to buy it.

IV. Composición

R. Primero haga una lista de cinco o seis razones explicando por qué le gusta vivir en un sitio. Luego prepare una composición de uno o dos párrafos en la que Ud. trata de convencer *(convince)* a un/a amigo/a de que viva allí. Use algunas construcciones impersonales reflexivas y el condicional en su composición.

Repaso 8
Lecciones 22, 23, 24

I. Estructuras útiles

A. Usted trabaja en una oficina y sabe que las personas indicadas todavía no han hecho ciertas actividades. Conteste las siguientes preguntas de su jefe, usando el pretérito perfecto del verbo en sus respuestas. *(Lección 22)*

▶ ¿Mandaste el telegrama?   *No, todavía no lo he mandado.*

1. ¿Firmó la presidenta los documentos?
2. ¿Hicieron ustedes las reservaciones para sus próximos vuelos?
3. ¿Devolvieron los nuevos clientes nuestros folletos?
4. ¿Descubriste la solución al problema con la computadora?
5. ¿Cambió la señora Trinidad su cita conmigo?
6. ¿Oyeron todos la noticia del aumento de sueldo?

B. Complete cada oración con una frase apropiada de la segunda columna. Use el pluscuamperfecto del verbo en su oración. *(Lección 22)*

▶ *Mi hermana me dijo ayer que [había decidido casarse con Raúl].*

1. Mi hermana me dijo ayer que . . . .
2. Mis abuelos me dijeron anoche que . . . .
3. Anteayer mi suegra me dijo que . . . .
4. El mes pasado mis papás me dijeron que . . . .
5. El viernes mi jefe me dijo que . . . .
6. La semana pasada mi profesor me dijo que . . . .

a. comprar una casa en el campo
b. decidir casarse con Raúl
c. decidir aumentarme el sueldo
d. darme una buena nota en química
e. dejar de fumar
f. no poder viajar a Italia
g. perder la cartera en el almacén

C. Termine las siguientes oraciones lógicamente. Use el condicional perfecto en sus respuestas. *(Lección 22)*

▶ Le expliqué a mi jefe que no pude terminar el trabajo para el quince de   *lo habría terminado antes*
octubre. Con más ayuda, estoy seguro que . . . .

1. Les expliqué a mis padres que no había comprado las entradas, pero que con más dinero . . . .
2. No me dieron el trabajo. Estoy seguro que con tu recomendación . . . .
3. Pasé un verano fantástico con dos amigos en Europa, pero te eché de menos. Contigo allí, ...
4. No fuimos a la reunión porque nadie nos informó. Con una invitación, claro que . . . .
5. Llegó la mercancía a tiempo porque la mandaron en avión. Por tierra . . . .

D. Conteste las preguntas afirmativamente con un superlativo (**sumamente** + adjetivo o un adjetivo que termina en **-ísimo/a, -ísimos/as**). *(Lección 22)*

▶ Las calles del Viejo San Juan son estrechas, ¿no?   *Sí, son estrechísimas (sumamente estrechas).*

1. Las próximas elecciones son importantes, ¿verdad?
2. Los pantalones negros son baratos, ¿no crees?
3. Ese escrito es demasiado complicado, ¿no?
4. El paisaje de Colombia es hermoso, ¿no es verdad?
5. El ruido del estéreo del vecino es desagradable, ¿no?
6. El clima en otoño es agradable, ¿no?

E. Conteste las preguntas, usando la forma progresiva del tiempo presente. *(Lección 23)*

▶ ¿Van a preparar la cena?   *Ya están preparándola.*

1. ¿Vas a construir una nueva casa?
2. Me gustaría ir a nadar. No he ido afuera. ¿Tú crees que va a llover?
3. ¿Ustedes dos van a preparar el postre pronto?
4. ¿Don Luis va a leer la novela de Juan Rulfo?
5. ¿Usted va a apoyar mi nominación para representante de la clase?
6. ¿Ellos van a limpiar el salón de recreo?

F. Complete cada oración con un verbo apropiado de la lista. Use la forma progresiva del pretérito o del imperfecto, según el contexto. *(Lección 23)*

trabajar	buscar	correr	hablar
hacer	discutir	ver	charlar

▶ En ese momento Luisa _____ a unos amigos.   *estaba buscando*
▶ Silvia y Teresa _____ toda la tarde.   *estuvieron charlando*

1. Anoche yo _____ un buen programa en la televisión hasta las doce.
2. Cuando vi a Julio en el restaurante, _____ con una española muy bonita.
3. Al salir del teatro vi que todo el mundo _____ por la lluvia.
4. Encuentro el nuevo proyecto de investigación fascinante. Lo _____ con el profesor hasta el mediodía.
5. Cuando llegamos a casa por la tarde, mis papás _____ en el patio.
6. Y tú, ¿qué _____ hasta tan tarde ayer? Traté de llamarte por teléfono.

G. Explique que las acciones no fueron culpa *(fault)* de las personas mencionadas, usando las siguientes palabras y la construcción reflexiva del verbo. *(Lección 23)*

▶ (a mí) / rasgar / los pantalones / ayer   *Se me rasgaron los pantalones ayer.*

1. (a ti) / perder / el sombrero y los guantes
2. (a Mario) / olvidar / el aniversario de boda
3. (a mi papá) / romper / el despertador
4. (a Magda) / quedar / la calculadora en el autobús
5. (a ti y a Marta) / caer / dos lámparas
6. (a usted) / rasgar / la cinta de la máquina de escribir

H. Muestre su reacción a las siguientes situaciones. Use una expresión como **me alegro de que, es increíble que, es una lástima que** y el pretérito perfecto del subjuntivo. *(Lección 24)*

▶ Fui a Barcelona el mes pasado.   *[Me alegro de que] hayas ido a Barcelona el mes pasado.*

1. Allí comí en varios restaurantes típicos.
2. Vi muchos museos y parques estupendos.
3. Fui a la playa y al puerto.
4. La vida nocturna no me entusiasmó porque no tenía suficiente dinero.
5. No pude obtener entradas para ningún concierto.
6. No llovió mientras estuve en Barcelona.

I. Conteste las preguntas, explicando que estas situaciones no ocurrieron y que ojalá hubieran ocurrido. *(Lección 24)*

▶ ¿Recibiste las noticias?   *No las recibí. ¡Ojalá las hubiera recibido!*

1. ¿La profesora te devolvió el examen?
2. ¿Tu padrino te regaló cien dólares ayer?
3. ¿Encontraste tu cartera?
4. ¿Tuviste tiempo de hablar con tus amigos anoche?
5. ¿Tus padres discutieron este asunto contigo?
6. ¿Te aumentaron el sueldo en el trabajo?

J. Empiece cada oración con una cláusula apropiada con **si**. *(Lección 24)*

► . . . habría ido al partido de fútbol.   *Si no hubiera llovido,*

1. . . . habríamos pasado por tu casa.
2. . . . ellos habrían comprado un velero.
3. . . . habrías escogido otro programa académico.
4. . . . ustedes se habrían encontrado en casa de tu familia.
5. . . . él habría ido a la manifestación.
6. . . . ella habría merecido el premio.

K. Complete cada oración, usando **pero** o **sino**. *(Lección 24)*

► No me gusta esa capa azul _____ ésa verde.   *sino*

1. Quisiera ir a tu casa _____ estoy enferma.
2. No tengo tiempo de hablarte ahora _____ después de que termine con las tareas.
3. La chica que tú conoces no es mi hermana, _____ como ella, es muy alta y delgada.
4. No he ido nunca a Argentina, _____ me interesaría conocerla algún día.
5. Prefiero que traigas las fotos _____ no las películas.
6. No queremos ir a una agencia de viajes _____ a la embajada.

L. Conteste las siguientes preguntas, usando la forma apropiada de los pronombres de objeto directo o indirecto o una construcción reflexiva. Use la imaginación en sus respuestas. *(Lección 24)*

► ¿Por qué estás leyendo esa revista de viajes?   *Me encanta leerla porque pienso ir a México.*

1. ¿El profesor devolvió los exámenes de español a los estudiantes?
2. ¿Qué pasó? ¿Quién dañó mi tocadiscos?
3. ¿A qué hora vas a encontrarte con tus amigos?
4. ¿Es verdad que Rosa prometió regalarte el reloj de oro?
5. ¿Quieres mostrarme tu nueva chaqueta?
6. ¿Como se te rompió la calculadora?
7. ¿Te enseño mis fotos de Barcelona esta tarde?
8. ¿Vas a adornar las paredes de mi cuarto con reproducciones de Sequeira? ¡Ojalá que sí!

II. Vocabulario

M. Divida la clase en dos equipos o más. Cada equipo tratará de nombrar por lo menos diez palabras relacionadas con cada una de las siguientes categorías.

1. los términos políticos
2. la música y el arte
3. la gastronomía de España
4. las tunas
5. superlativos en **-ísimo**
6. palabras análogas falsas

N. Defina en español las siguientes palabras.

1. adornar
2. inconstante
3. un rey
4. un dictador
5. un compromiso
6. la madrugada
7. una serenata
8. una capa

O. Dé sinónimos de las palabras o expresiones siguientes.

1. fabuloso
2. importante
3. regalar
4. pararse
5. particularmente
6. instituir
7. divertirse
8. hecho
9. seleccionar
10. el impedimento
11. la zona
12. charlar

P. Dé antónimos de las palabras o expresiones siguientes.

1. la vida
2. de día
3. divorciarse
4. estrecho
5. largo
6. en secreto
7. civil
8. la confianza
9. perder
10. la derecha
11. gradual
12. destruir

III. Usted es intérprete

Q. Exprese los siguientes diálogos en español.

1. — Why are you listening to the radio at this moment?
   — I'm listening to the radio because I like the Spanish music they're playing.
2. — What happened to you last night? We hoped that you would come with us to the game.
   — If only I had remembered the game! I was doing nothing all evening long!
3. — Did you return home early yesterday?
   — No, I was studying at the library until 10 P.M.
4. — Will you return my ten dollars to me?
   — I can't because I left my wallet at home this morning.
5. — Did you know Ricardo is in the hospital?
   — Yes, his roommate said he broke his leg while playing soccer.

IV. Composición

R. Prepare una composición de tres párrafos sobre el dibujo siguiente. Incluya la información indicada.

Párrafo 1: Lo que pasa - - quiénes son las personas, dónde están, en qué ciudad
Párrafo 2: Lo que va a pasar - - qué va a traer el camarero, qué va a decir el hombre, qué va a decir la mujer, qué van a comentar cuando se haya ido el camarero
Párrafo 3: Lo que habría pasado - - si hubieran ido a otro restaurante, si hubieran pedido otra cosa

Answer key

Lección 6

1. (No) te gusta hablar por teléfono mucho tiempo.
2. (No) me gusta el teatro.
3. (No) le gustan los exámenes (a usted).
4. (No) te gusta viajar a Europa.
5. (No) me gusta trabajar los domingos.
6. (No) le gustan las matemáticas (a usted).

Lección 7

1. …estoy nervioso/a (preocupado/a)
2. …está cansado (ocupado)
3. …es alegre (tranquila)
4. …son fáciles
5. …está cerrado
6. …eres (muy) perezoso/a
7. …es alegre (fácil)
8. …está lejos (cerrado)

Lección 8

1. Oigo al reportero.
2. Buscamos el bolígrafo.
3. Necesitan el dinero.
4. Los busco a ustedes.
5. Escucho (la) música clásica.
6. Conocemos al presidente.
7. Saludo a Rosita.
8. Traigo (los) sándwiches.

Lección 9

¿Ir o venir?
1. A: Vas   3. S: viene
   D: Voy   M: venir
2. E: viene   4. R: vamos
   U: Vengo   T: vamos

Direct-object pronouns
1. Sí, los voy a llevar (voy a llevarlos). // No, no los voy a llevar (voy a llevarlos).
2. Sí, lo conocemos. // No, no…
3. Sí, la pido. // No, no…
4. Sí, me escucha. // No, no…
5. Sí, nos entrevista. // No, no…
6. Sí, te voy a invitar (voy a invitarte). // No, no…
7. Sí, las necesitamos. // No, no…
8. Sí, lo tomo. // No, no…

Lección 10

1. Porque son muy religiosos.
2. Porque soy americano/a.
3. Porque estoy enfermo/a.
4. Porque es muy antipático (tacaño).
5. Porque es muy viejo. // Porque está cansado (enfermo).
6. Porque estoy cansado/a (triste, ocupado/a).
7. Porque está muy frío (caliente).
8. Porque estoy cansado/a (ocupado/a, enfermo/a).

Lección 11

Direct-object pronouns
1. nos   5. las
2. las   6. los
3. me, me   7. te
4. la, la   8. lo, lo

Expressions with tener
1. …tenemos hambre
2. …tienes sueño
3. …tiene suerte
4. …tengo sed
5. …tiene [90] años
6. …tiene miedo (razón)
7. …tiene éxito
8. …tengo calor

Lección 12

Answers will vary. Some possibilities are:
1. Porque no lo conozco muy bien. // Porque no sé que decirle.
2. Porque las conocemos. // Porque sabemos quiénes son.
3. Porque la conozco. // Porque sé que le gustan las fiestas.
4. Porque no te conocen. // Porque no saben quién eres.
5. Porque las sé muy bien.
6. Porque los conozco. // Porque sé que son muy buenos.

Lección 14

C: levantarse
J: me levanto
C: te despiertas, me baño, me afeito
J: me baño
Paragraph 1: se levanta, se baña, se viste, se pone, se va
P 2: se decide, se arrepiente
P 3: se equivoca
P 4: se queja, se quita, se sienta, se pone, se siente

Lección 15

Direct- and indirect-object pronouns
1. las   5. les
2. lo, me   6. le, la
3. te, los   7. nos, los, los
4. nos, le

Para and por in contrast
1. para
2. para, para
3. por, para
4. por, por, para, por, para

Lección 16

Subjunctive versus indicative
Answers will vary. Some possibilities are:
1. Dudo que el profesor diga la fecha y hora del examen final esta tarde. // No dudo que el profesor dice la fecha y hora del examen final esta tarde.
2. Creo que hay muchas oportunidades de empleo en la capital. // No creo que haya…
3. Es cierto que Gloria tiene muchos problemas. // No es cierto que Gloria tenga…
4. No niego que los padres de Margarita quieren ayudarla. // Niego que los padres de Margarita quieran…
5. Estoy seguro/a de que hace muy bien tiempo durante el verano. // No estoy seguro/a de que haga…
6. Creo que el Partido Liberal elige al nuevo presidente este año. // No creo que el Partido Liberal elija…
7. Dudo que los delegados discutan las nuevas regulaciones. // No dudo que los delegados discuten…
8. Estoy seguro/a de que ya no quedan entradas para la función. // No estoy seguro/a de que ya no queden…

Personal a
1. a   5. —
2. —   6. a
3. —   7. a, a
4. a   8. a

Lección 17

Answers will vary. Some possibilities are:
1. Nos pagó el jefe.
2. Sí, las quiero.
3. No, gracias, no la necesito.
4. Lo tengo en mi casa.
5. No, la quiero con aceite solamente.
6. Me mandó el doctor Rodríguez.
7. Sí, quiero llevarlo.
8. Le escribo a mi amiga Laura.

Lección 18

Ser and estar in contrast
1. era, estaba   5. seas (eres), estuvo (estaba)
2. seamos   6. están, son, son
3. estoy, es   7. son, estuvo
4. Es, eres   8. estén, Es

Gustar and verbs like gustar
1. nos gustan (nos interesan, nos encantan)
2. te duelen (te molestan)
3. me quedan
4. te gusta (te encanta)
5. les faltan
6. te gusta (te interesa, te molesta)
7. le molesta (le gusta)
8. me gusta (me encanta, me interesa)

Lección 19

Imperfect versus preterit
Paragraph 1: me levanté, Me bañé, me vestí, tomé, salí
P 2: Fui, Compré, abrí, estaba, Leí, había, me quedé, decía
P 3: desapareció, robó, trabajaba, se dirigieron
P 4: podía, leía, tocó, me preguntó
P 5: Me desperté

Reflexives
Answers will vary. Some possibilities are:
1. Se llamaba Antonio (María).
2. Me bañaba y me iba a la escuela.
3. Se quejaban mucho.
4. Me preocupaba mucho antes de los exámenes.
5. (Me) imaginaba que eran todos muy inteligentes.
6. Mis amigos y yo nos divertíamos.

Lección 20

Position of two object pronouns
1. Sí, póngalos ahí. // No, no los ponga ahí.
2. Sí, escríbamela. // No, no me la escriba.
3. Sí, enséñemelos. // No, no me los enseñe.
4. Sí, explíquesela. // No, no se la explique.
5. Sí, muéstreselas. // No, no se las muestre.
6. Sí, búsqueselos. // No, no se los busque.

Para *and* **por** *in contrast*
Answers will vary. Some possibilities are:
1. ...para nuestra casa de campo. // ...por dos meses a Europa.
2. ...para que comprara la ropa. // ...por los guantes que compré.
3. ...por el techo. // ...para evitar que los torturaran.
4. ...para tu casa. // ...por tus amigos.
5. ...para ir a cualquier lugar.
6. ...por la lluvia. // ...para la playa como pensábamos.
7. ...por correo aéreo. // ...para Francia.
8. ...por todas sus atenciones.

Lección 21

Answers will vary. Some possibilities are:
1. Me alegro de que el mes próximo nos aumenten el sueldo.
2. Espero que el sábado montemos a caballo.
3. Ojalá que no empecemos a trabajar a las ocho de la mañana.
4. Me gusta que el jefe nos ayude mucho.
5. No quiero que nades después del almuerzo.
6. Siento que Estela tenga que escribir diez cartas antes de salir.

Lección 22

Impersonal reflexives
Answers will vary. Some possibilities are:
1. Todavía no se sabe quién los firmó.
2. Se dice que mañana no hay clases.
3. Sí, se mira mucho.
4. Se dice eso, pero no es verdad.
5. Sí, allí se come muy bien.
6. Tienes razón. No se puede perder tiempo.

Lección 23

Subjunctive in adjective clauses
1. son
2. sepa
3. sea
4. cueste
5. está
6. venden
7. esté

Position of two object pronouns
Answers will vary. Some possibilities are:
1. Nos gustaría pasarlas en Mérida.
2. ¿Por qué te la mandó?
3. Con mucho gusto les ayudaré a organizarla.
4. Me los trajeron porque los tengo que leer.
5. ¿Cuándo se lo arregló?
6. No te la pude conseguir.

Lección 24

Paragraph 1: Nací, vinieron, eran, se conocieron, se casaron
P 2: tenía, llevaba, vivía, trabajaban, hablaba, aprendí, aprendí

Solutions to the word games

Sopa de letras, Lección 4

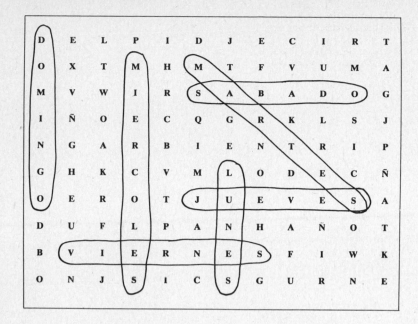

Crucigrama, Lección 7

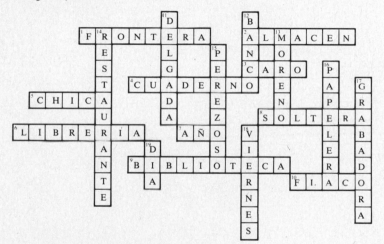

Crucigrama, Lección 14

En España, Lección 24

1	V	O	S	O	T	R	O	S
2	C	A	N	A	R	I	A	S
3	B	A	L	E	A	R	E	S
4	P	E	S	E	T	A	●	●
5	●	G	R	A	N	A	D	A
6	●	A	F	R	I	C	A	●
7	●	S	E	G	O	V	I	A
8	P	A	M	P	L	O	N	A

Mon
11 - 5 - 20